思春期からの
子ども虐待
予防教育

―保健・福祉・教育専門職が教える、
親になる前に知っておいてほしいこと

森岡満恵・著

明石書店

はじめに

　週に1度は必ずと言っていいほど、「子どもをなぐって死亡させた」「食べ物が与えられず、やせ細って発見された」など子ども虐待に関する報道があります。この本を手に取っておられる方は、そんな報道を聞いて心が痛むというより、もっと切実で重い、くやしさや悲しさの入り混じった、いたたまれない思いをされているのではないでしょうか。しかしながら、そんな報道はあとを絶ちません。

　私は高校の家庭科の教員をしていますが、これまで何人か「虐待されている／いた」という生徒にかかわってきました。虐待の影響か、精神的な不安定さを皆、共通して持っていました。注意力がなく多動で学校や社会に適応しづらい生徒、愛着障がいでしょうか、人間関係の困難さを抱える生徒など、皆さまざまな困難を抱えていました。

　私はでき得る限りの支援をしてきたつもりです。生徒のカッターシャツを定期的に洗濯したり、虐待してしまう母親の話をする生徒を毎日毎日2時間も3時間も聞いてなだめたり、社会的なスキルを身につけさせようと、ソーシャル・スキル・トレーニング（以下SST）を、担任した一人の生徒に2年間行ったこともありました。

　ですが、手を尽くしても力不足でどうにもならないこともありました。友人関係でつまずいた生徒は「もういい！」と、友人関係を完全に断ち切って不登校になってしまったり、私が児童相談所に通告して、介入を待っている間に家出をして行方がわからなくなってしまった生徒もいました。その他にも、虐待の影響の根の深さを痛いほど思い知らされるようなことも数多くありました。

そのたびに思うのは、なぜ、親はこんなにも我が子を傷つけるのか、親が子どもを虐待してしまう前に、防ぐことはできなかったのかということです。

　私自身、幼いころ、母親にほほを強くつねられたことがあります。大したことでもないのに、いまだに恨みがましく覚えているのは、その時、自分のしたことに対してしかられたというより、母親のいらいらのはけ口にされたと、子ども心に感じたからでしょうか。たったこれだけのことですが、ずっと忘れられず頭の中にありました。ならばもっとひどい虐待を受けていたらどうなのだろう、さぞかし…と思い、防ぐ手立てはないものかと、ずっと考えていました。

　家庭科の教員として働く動機のひとつに、「虐待（当時はせっかんと呼んでいました）された生徒の気持ちをわかってやりたい。せっかんするような子育てではなく、適切な子育てを教えたい」という気持ちがありました。教員になって初めての保育の授業で「しつけで一番大事なことは、親のいらいらなど気分でしからないこと。したことの悪さの大きさに合わせて、しかり方の大きさも変えること。冷静で一貫したしかり方が大切」と教えることができた時、少しはせっかん（虐待）の予防に役立ったかもしれないと、高揚した気持ちになったことを今も思いだします。

　そうやって、働き始めた1985年から今まで、子ども虐待を予防するための学習を、一つひとつ増やし、積み重ねてきた結果がこの本です。

自分一人で教えても年に 280 人がせいぜいですが、この本の内容を多くの方と共有し、虐待の発生を出産よりも前から予防できないかという願いから出版しました。

　この学習法で、すべての子ども虐待を予防できるとは思っていません。しかし予防できることも中にはあるはずです。

　親になる前に…、虐待してしまう前に…、この本を読んだ方がそれぞれの立場で…、皆でやれることだけは、やっておきませんか。

目　次

はじめに……………………………………………………………………………… 2

目次………………………………………………………………………………………… 5

序章　親になる前の教育 ……………………………………………… 7

子ども虐待の発生予防学習の現状／
男性への教育 1（歴史的背景と脳機能）／
男性への教育 2（いまどきの父親）／いじめの防止と適切な養育／
親の役割／ニーズに合わせる／
この本の内容（了承のお願い）

第1章　望まない妊娠と 若年妊娠の予防 ……………………………… 35

背景にあるもの／中絶と避妊／
意識の変化を起こす中絶・避妊の授業／
親の大変さを知る・子育て体験について／
親の大変さを知る・経済的な予備知識／
親の大変さを知る・子どもの 1 日と成長

第2章　虐待の予防のための 子育ての知識と体験 ……………………… 63

世代間伝達の防止につながる考え方／愛着の形成について／
成長・発達に関する知識／共感性を養う／
子どもの遊び・ゲームについて／子どもの遊び・発達との関係

第3章　貧困と孤立 ……………………………………………………… 91

貧困の背景／支援・制度の使い方／貧困の意味の変遷／
貧困と虐待との関連／孤立との関連／孤立の意味／支援の届け方

目次 ● 5

第4章　母親の心身の状況 ……………………… 113

産後うつ／離婚の危機

第5章　赤ちゃんの"泣き"と
　　　　揺さぶられ症候群 ……………………… 119

揺さぶられ症候群にいたる背景／赤ちゃんはなぜ泣くか／
揺さぶられ症候群への対処

第6章　子どもの側の問題 …………………… 129

発達障がい／睡眠の昼夜逆転／眠育／正しい睡眠の阻害要因

第7章　世代間伝達の予防 …………………… 141

虐待被害者への支援／生育歴の振り返り／
生育歴の振り返りの注意

第8章　体罰の肯定観の否定 ………………… 149

体罰肯定観の否定の困難さ／体罰肯定観の否定のための対策・方法／
体罰しないしつけの方法／虐待のなくならない要因・教員の責任

第9章　虐待要因の理解と予防策のまとめ ……… 163

理解のための一歩／要因の解説と予防策のまとめ

終わりに……………………………………………… 174

序章

親になる前の
教育

子ども虐待の発生予防学習の現状

　個々の予防に関する学習の紹介に入る前に、全体にかかわることについて書いておきたいと思います。

　まず、日本における虐待の予防に関する現状について整理しておきます。

　妊娠中に行われる両親学級も、学校教育と同様に虐待発生予防の良いチャンスなので、どれだけ虐待予防に関することが実際に行われているのか調べてみました。2018年3月時点でインターネットに掲載されている自治体や病院など、両親学級を実施している団体を120件調べましたが、その内容としては、妊娠中の注意や出産、赤ちゃんのケアについてなどの講義。あとは男性の参加者に妊婦体験をして時間いっぱいといったところでしょうか。虐待の予防にかかわることとしては、揺さぶられ症候群についての学習プログラムがあるのが5つの自治体、高槻市・奈良市・伊万里市・北見市・横浜市都筑区の4市1区だけであり、また、ここ3年の間に出産した私の身近の人12人に聞きましたが、虐待に関する学習は両親学級ではなかったそうです。母子手帳や父子手帳では記載されていますが、読まない人のことを考えると、やはり両親学級などでの学習が望まれます。

　一方、私の職場のある大阪府堺市では、「命の授業」として性教育（命の発生、中絶、避妊、性感染症、DVなど）を助産師さんや保健師さんが精力的に中学・高校などで講演会をしてくださっています。ですが、そういった人材や機会に恵まれない学校や地域も多いと聞きます。

　さらに高校では、子ども虐待についてどれだけ学習しているかと言

うと、教科書ではだいたいが虐待の4分類（身体的虐待・心理的虐待・性的虐待・ネグレクト）と相談対応件数の増加、支援先についてのごくごく簡単な解説などで、1ページがせいぜいです。

　2013年に大阪府の家庭科教員全体に対して、虐待に関する授業をどれくらいしているか、その困難感やしない理由などについてアンケート調査[1]したことがあるのですが、「虐待は被害生徒も存在するので、扱うのが難しい」「授業で取り上げることで、精神的に不安定になりはしないか心配」「十分な知識のないまま、扱うのは怖い」などの声がありました。私自身も同様の心配があったので、大学の児童福祉・児童心理に関する教員、児童相談所の相談員、地域の保健師、スクールカウンセリング関係の臨床心理士など12名の方々に、授業で虐待を扱うことの是非を聞いてみました。おおむね共通していたのが「ぜひとも扱うべき。ただし授業を受けなくてもよい選択肢（保健室や別室に行くなど）を用意する」という回答で、「授業で扱われることで、被害生徒もエンパワー[2]される」という回答もありました。

　特に注意すべきは、虐待の要因の理解のために授業で見せるDVDに体罰のシーンがあるときです。貧乏ゆすりなどのいらいらした様子がないか、机に顔を伏せて寝たふりをしていないか、授業終了後の表情に変化がないかなどです。「生育歴の振り返り」をするときも同様です。自分自身の不適切な育ち方を認識すればするほど、自分自身を否定的に考えてしまう人もいるので、そうではないことを細かくコメントしながら進める必要があります。

　いずれにしても、保健室の養護教諭などとあらかじめ情報共有して

1)「高校家庭科における児童虐待予防学習の実施状況調査」『大阪府家庭科研究紀要』2014年4月
2) エンパワー：発展や改革、成長に必要な力をつけるという意味

おき、学年担任からの生徒情報なども把握したうえで、注意深く生徒の状態を観察しながら行っています。

その他に大阪の高校では、子育て体験実習やコモンセンス・ペアレンティング[3]、その他の親学習などを取り入れている学校も年々増加しています。ただ実際に虐待を受けてきた生徒や望まない若年妊娠の生徒に対応した経験のある教員は、予防学習の必要性を痛切に感じるようですが、そういった経験がないと、あまり予防に関する当事者感はない、つまり子ども虐待を予防できる可能性と責任が自分にあるという自覚がない状態が一般的です。

先日、「僕、先生の話を小学校でも聞いて、中学校でも毎年聞いて、4回聞いたけど、今日、初めてわかったわ」と言った生徒がいる、とある助産師が言っておられました。私もまったく同じ思いです。3回も4回も5回も聞いて、やっとしみ込むのです。その3回、4回のチャンスの中のどこかで、その生徒の成長に合致する時期というものもあるでしょう。

ですから、さまざまな場面で虐待の発生予防を目的とした学習が行われたらいいと思います。

アメリカの経済学者の説に、予防策に1ドル投じれば、対策費用が7ドル軽減できるというものがあります。虐待が発生してしまう前に、予防するのが一番だと思うのですが…。

妊娠中に時間をかけて予防学習を行い（もちろん、中学・高校でも行い）、受講者には子育て準備費用の名目で報奨金を出す、くらいの施策があっても良いのではないでしょうか。受講されない方には、家

---

3) コモンセンス・ペアレンティング：体罰しない躾の方法。「ボーイズタウン・コモンセンスペアレンティング®Common Sense Parenting®」http://www.csp-child.info/

庭訪問して状況を把握する…。それくらい予防にお金をかけても良い
と思うのですがいかがでしょうか。

　予防学習はまだまだである一方、子ども虐待予防・防止のために、
現在、自治体を中心にさまざまな手だてが講じられています。自治体
同士の連携や多職種連携、妊娠期からの切れ目のない支援として、養
育相談・家庭訪問、子育て広場や子育てサークル、一時保育、さまざ
まなタイプの親学習などの事業が推し進められています。妊娠期から
の支援は虐待の発生予防として大いに期待したい事業です。虐待事例
での失策が報道されるたびに非難を浴びながらも、対策は年々進展し
ているように見受けられます。

　しかし、さまざまな策から遠ざかってしまう人々がいるのも事実で
す。

　「○○の親学習をします」と呼びかけて集まって来てくれるのは、
もともと子育てに積極的・意欲的な人たちです。本当に来てほしい人
は、なかなか来てくれないことも多いものです。以前にノーバディー
ズ・パーフェクト・プログラム[4]のファシリテーターと保育ボランティ
アをしていて身にしみました。

　また虐待による死亡事例には、男性が多くかかわっていますが、男
性へのアプローチは容易ではないでしょう。イクメンばやりで子育て
に積極的な男性は増えているかもしれませんが、仕事で忙しいから子
育ては時間のある時に遊ぶだけ、そもそも「何で、おれがするの、子
育ては母親の仕事」という男性も、今時は口には出しにくくてもまだ
まだ多いのが現状です。

4）ノーバディーズ・パーフェクト・プログラム：Nobody's Perfect Program カナダで開発されたプログラム。
　乳幼児を持つ親がグループの中で心配なことや困っていることなどをファシリテーターを介して話しあ
　いながら子育てのスキルを高めていくプログラム

親になる前の教育　●　11

そういった、なかなか支援の中に入って来てはくれない人や男性に対して、公教育の中であらかじめ強制的に、虐待の予防・適切な養育を教えてしまっておこうという意図も高校での学習にあります。

　近年、妊娠・出産・その後の子育てに困難を抱える母親を特定妊婦とし、その支援策も自治体やNPO法人などにより充実してきています。しかしながら、そういった支援を受けるためには、まずは自ら一度は医療機関を受診するか、妊娠をだれかに気づいてもらう必要があります。ところが、「妊娠しているかも」と思いながら、事実を知るのが怖い、お金がない、行くと周囲にバレるのでは…、などの思いから医療機関に行けない。さらに妊娠に気づいてくれる家族がいない。医者に行けと言ってくれる友人がいない。そもそも頼りになる彼氏・夫がいれば特定妊婦として扱われる必要もないが、そうではない。結局「公園のトイレで産み落とした」「自宅で産み、ロッカーに遺棄した」などの悲劇につながってしまうわけです。

　私など、初めての妊娠では何をするにも戦々恐々でした。しかも初めての出産の時など、どれほど怖かったことか。まさに死ぬほど痛い。本当に痛くて「これがあと30分続けば死んでしまう！」と思ったくらいです。そんな痛みを、（結果的に虐待の加害者となってしまった人は）病院にも行かず、一人でどう乗り越えたのでしょうか。へその緒や後産はどう処理したのでしょうか。それをたった一人でやり通した不安や恐怖は想像もできません。

　ですから、せめて学校で、日本の子ども全員に「もし、妊娠したら助けてくれるところがある」「お金がなくても何とかしてくれる」「中絶できる期間が過ぎていたら、どうしたらいいかも教えてくれる妊娠SOSっていうところを調べて電話するか、"189"に電話してみて。

絶対に悪いようにはしないから」ということをしっかり頭にたたき込めるチャンスが必要なのです。

男性への教育1（歴史的背景と脳機能）

　仮に父親が子どものおむつ替えや入浴、ミルクやりの他、家事も全部してくれる、そして妻の話やぐちもよく聞いてくれて、夫婦仲が良いという環境下で、赤ちゃんが何をしても泣きやまないということが起こったとします。その時、母親がいらいらして赤ちゃんを揺さぶって殺してしまうことになるでしょうか。

　逆に、だれも家事も育児も手伝ってくれる人がいない。ぐちを聞いてくれ、相談にのってくれる相手もいない。それどころか夜中に赤ちゃんが泣きやまない時、夫が「明日も仕事、忙しいんだから、早く静かにさせろ」とどなる。自分も寝不足で心身共に疲れ果てている。そんな時、どうしても赤ちゃんが泣きやまないということが起こったとしたら、赤ちゃんを揺さぶってしまうという状況は起こりやすいと言えるでしょう。

　もし父親さえ、子育てに理解と協力と責任感があったなら、防ぐことのできた虐待は数多くあったはずです。虐待の予防を考えると、男性に対する子育て教育の重要性は高いと言えます。

　そこで、父親の育児における役割とは何か、母親との違いは何かを整理し、虐待予防学習の内容を考える基盤としたいと思います。

　まず、男女の性別役割分業意識「男は仕事、女は家事育児」という考え方はいつ生まれたのでしょうか。これは戦後の高度成長期に農業を離れ、都会で商業や工業に従事する男性が増え、女性も都会に出て

親になる前の教育 ● 13

そういった男性と結婚する際、「専業主婦」という存在が出現してからです。第二次大戦以前には農業に従事する人口が兼業も含めると60％以上で、農業は家族全員でするものでした。ですから女性が家事の主たるところを担いましたが専業主婦はおらず、男性も状況に応じて家事をすることは当たり前でした。子育てはというと、母親は農作業しているので、授乳期はかごに赤ちゃんを入れて田畑の横に置き、授乳期が終わると同居している祖父母や兄弟姉妹、近所の子どもやおばあちゃんなどだれかが面倒を見ていました。

　さらにさかのぼって歴史的には、男性が子育てに参加していなかったのは、戦争のあった時に限定できると言えそうです。戦争のない時、例えば江戸時代には、少なくとも男子（特に長男）をいかに育てるかは、父親の大きな役目とされていましたし、父親が手習いや読み書き、剣術は武士の家庭では当然のこと、将棋や囲碁などを手ほどきするのも父親の役目だったようです。

　「男は仕事、女は家事育児」という自分に都合の良い概念を持ち出してくる人に対して訴えかける時、過去の日本人の男性がいかに子育てしていたかを認識することは、反論材料として使えます。

　江戸時代には体罰も容認されていませんでした。[5]体罰は自尊心を傷つけるものとして考えられており、人に手を出すということは、武士にとってはすなわち命のやり取りを意味し、軽率に人に暴力を加えるということはなかったと言います。江戸時代から明治にかけて来日した数々の外国人（宣教師のフロイス、シーボルトなど）は『日本では、むち打ちは滅多に行わない。日本人は決して子どもに体罰をしない。

5）参考：江森一郎『体罰の社会史』新曜社 1989 年

日本では子どもが甘やかされ、大事にされている』などと書き残しています。つまり、もともとは男性も育児に積極的な時代もあり、また体罰もなかったということです。

　次に動物学的な観点から、子どもへの暴力についての報告があります。黒田公美氏[6]によると、『未交配の80%のオスマウスが仔マウスを攻撃するが、〜中略〜オスをメスと同居させ交尾・妊娠が起こると、オスの仔に対する攻撃性は次第に抑制され、父親は養育を行うようになり、状況によっては父親の存在が仔の生存率を高めることから、父性的養育は実際に機能的であると言える』とされています。

　また、オスのライオンやサル、クマなどが、我が子以外の子どもを殺して、メスの授乳期を早く終わらせ、交尾を可能にし、自分の遺伝子を残そうとすることも知られています。男性の育児態度によって、子どもの生存や家族の機能が変化するというこの報告は、非常に興味深い。もちろん我々人間は、本能やホルモンの命ずるままに動くわけではありません。しかし、左右されることがあるのも事実ではないでしょうか。

　実際には、再婚時の子どもの年齢や再婚で新たに父親母親となる人の「人となり」にもよりますが、何らかの葛藤があることは当然のことです。知識や心の準備、「時」という準備が必要なのに、何の準備もなしに飛び込んでしまうと、「せっかく結婚したのに、子どもが泣いて邪魔をしたから」「甘い新婚生活のはずなのに、子どもがいては、いちゃいちゃもできなかったから」と虐待を正当化する義父がいます。心の準備をしていれば当然わかるはずのことも、自分が被害者である

6）黒田公美「父性愛と母性愛——親心の脳神経基盤」『生体の科学』66(1)：2015.1・2 p.58-65

かのように言うのです。

　サイモン・バロン＝コーエン氏は、男性と女性の脳の特徴として、次のように報告しています[7]。

　『男性の脳の特徴は、競争する・心の理論が苦手・権力重視・攻撃的積極的・自己中心的・表情を読み取るのが苦手・事物を法則で分類する。女性の脳の特徴は、分かち合う・順番を代わる・心の理論が得意・対人関係重視・間接的な攻撃・表情の読み取りが得意・共感が得意・気持ちを話題にする』と分類しています。

　男性は攻撃性が強く、表情を読み取るのが苦手、理論的ではあるけれど心の理論が苦手ということで、再婚後の状況を想像する力も人によっては低いかもしれません。

　現実には、高校生でも親が再婚する時、荒れます。「あれ？　いつも温厚な子なのに、どうしたのかな」と思っていると、母親が「今度、再婚するので、引っ越します」とくるのです。親は「もう、大人だから」と判断してしまいがちな高校生でも荒れるのだということ忘れてはなりません。

　いきなり人は親になれないし、子どもにもなれない。離婚・再婚が増加して当たり前になっている昨今、再婚は新しく親になる男性（女性）にも、子どもにも葛藤をもたらすという当たり前のことに、もう一度目を向けておく必要があると思うのです。また、男性にはどうしても、親になりづらい面もあることに注目しておくことと、男性を教育する際には、脳の機能上、理論で納得させる必要があるとの認識のうえで、授業の内容を考える必要も感じています。

7）サイモン・バロン＝コーエン『共感する女脳、システム化する男脳』NHK 出版 2005 年

男性への教育 2（いまどきの父親）

　まだまだ性別役割分業意識の強い男性がいる一方で、近ごろのイクメンパパの様子を見ていて、良い時代になったなと思います。パパが抱っこひもで赤ちゃんを抱え、買い物する様子も見慣れたものになってきました。パパ業も両極化し格差が生じているようです。

　イクメンばやりはとても良いことなのですが、勘違いしてはいけないのは、ミニママというか、ママ2号になっていないかということです。

　父性的な子どもへのかかわりや、母性的なかかわりというものは、子育ての中でバランスよく子どもに与えられるべきものです。例えば「ライオンの親が仔ライオンを千尋の谷へ突き落とす」という寓話が教えてくれるように、『外の世界を教え、世間へ押し出す役割が父性』[8]とすれば、母性は『安全の基地』[9]として危険や傷つけるものから子どもを守る役割と言えそうです。

　父親にはそういった父性を発揮してもらうことが期待されるのですが、ママ2号になってしまって、母親と同じような言動をしてしまっている人も中にはいます。母親と同じことをしていても意味はないのに、母親と同じように子どもと遊んだり、しつけしたり、しかったりしている。「違うでしょ」と思わず言いたくなる場面に遭遇することも多々あります。しつけの原則は母親父親で統一しても良いでしょうが、違う価値観にふれることは、子どもにとって大切なのに。

8）正高信男『父親力——母子密着型子育てからの脱出』中公新書 2002 年
9）ボウルビィ『母と子のアタッチメント』医歯薬出版 1993 年

親になる前の教育　● 17

それは父親自身が、父親としての養育モデルを持っていないことが背景にありそうです。

　現在、乳幼児を育てている 20 代から 40 代くらいの男性の父親というと、40 代後半から 70 代くらいでしょうか。ちょうど団塊の世代を先頭に、高度成長期からバブル期に企業戦士として、がんがん 24 時間働きましたという世代です。

　当然、子育ては専業主婦の母親に任せ、自分は仕事だけしていたらそれで OK な時代です。その子どもは、きっと日曜日、父親が一日中寝そべる姿か、ゴルフから帰ってくる姿しか見ていないかもしれません。そんな父親モデルしか知らなくて、でもちゃんと父親しなくちゃ、となるとママ 2 号になるしかないわけで、責められません。

　父性を持った父親の養育モデルを学校の教員や職場の先輩、はたまた TV ドラマや映画・小説などで見つけることができたら良いのですが。

　今どきの高校生だけでなく若者全般を見て、父性の欠如を感じます。一時期、肉食だの草食だのという言葉が流行りましたが、今の若者を例えるなら「草」です。草的な男性の多いこと！　もちろん中には肉食系の人も草食系の人もいますが、草食動物にもなっていない、自分から現実に立ち向かわず、そよそよと風に吹かれ、太陽が照ったらしおれ、雨が降ったら流される。そんな若者が皆さんの近くにいませんか。

　父性の欠如の要因は父親の就労による家庭不在の影響が一番大きいと思われますが、離婚によって父親との接触のない状態で育てられる場合にも影響はないとは言えないでしょう。母親も父性をカバーしようとがんばっても限界があります。さらに保育園や幼稚園でも男性の

職員はほんの一握り、小学校でも低学年では女性教員が担当することが多いものです。そうなると母性は十分に与えられるけれども、父性の欠如は否めません。保育園や幼稚園、小学校での男女バランスのとれた職員配置を今後もっと考え、社会全体として子どもに対する父性を補うことを意識し、社会として担保する時代に来ているのではないでしょうか。

　また、母親も父親が子どもに手荒なこと（体罰ではなくて、雑な扱い）をすると注意したりします。何しろ「安全の基地」ですから。

　そこで、母親自身も父性が子どもには必要だという認識で、多少の雑な子どもの扱いや、体罰以外の手荒なことや多少の危険なことには目をつぶって、止めないようにしないといけません。

　さらに言いますと、子ども同士がけんかしていても、止めてはいけません。つい、止めてしまうのが母。「放っておけ」と言うのが父の役割です。例えば、子どもが保育園や幼稚園でけんかして、けがをして帰ってきた。それを見た母親が園にクレームの電話を入れると言う。そこで止めるのが父親の役割です。「けんかぐらいなんや。しょーもないことするな。子どもはけんかして大きくなるんや」と。

　子どものけんかのけがを見て、頭に血がのぼる母親の気持ちもわかりますが、幼いころにけんかをたくさんすることで、殴る痛みも、殴られる痛みも知る。仲直りする大変さと気持ちよさも知る。暴力はいけないことを教えるいいチャンスにもなります。何もしていない時に暴力がいけないことを説いても、子どもの心にしみ込まないでしょう。幼児のころに暴力は絶対にいけないことだと強く子どもに迫ることは、子どものその後の生き方において、非常に大切なしつけとなるでしょう。

ところが、けんかを幼児のころにしないようにしてしまうと、子どもが成長するチャンスを奪ってしまうことになります。

　暴力はいけないことを教えられるチャンスのないまま、大きくなってしまい、いじめの加害者となった時、殴られる痛みを知らず、限度がわからない。しかも、けんかをしっかりして、仲直りもしっかりして、ということも経験していないので相手に対する共感性も育っていないとなると、長期的で重篤な、信じられないようないじめを続けるようになってしまうのです。

いじめの防止と適切な養育

　「うちの子、いじめられていませんか」と懇談で聞く親は多くいますが、「うちの子、他の子をいじめていませんか」と聞く親はほとんどいません。よその子をいじめて、傷つけるような子にしてはいけない。我が子をいじめの加害者にしてはいけないという視点で子育てすることも重要な親の役割です。そのためにも子どもがけんかをした時には暴力は絶対にいけないこと、弱い者いじめをしてはいけないこと、集団で一人をいじめるなど卑怯なことをしてはいけないとしつけしておくべきです。

　また多様な価値観にふれる機会を多く作り、異質なことを自然に受け入れられるようにすることも大切です。「お母さんはアメ食べたらだめって言うけど、おじいちゃんは、たまにならアメ食べても良いって言う」など、「人によって、いろいろ違うんだな。違っていいんだな」という経験がないと、将来、異質なことや異質な人を排除する、つまりいじめにつながるかもしれません。

『いじめの撲滅は傍観者を正しく育てることによって可能になる』と、公益社団法人・子どもの発達科学研究所の『TRIPLE-CHANGE PROGRAM』の講演[10]で説明されていました。『傍観者（＝多数派）を変えると学校が変わる。正しい知識を学び、間違った認知を正し、正しい考えに基づき具体的に行動し、いじめが起きない思いやりのある集団をつくる』ということが基本になります。今まで、いじめに関しては加害者の指導にばかり気を取られていましたが、新たな発見です。

また、傍観者について正高信男氏は中学生対象の調査で、『観客のような役目を演じ、いじめの成立に手を貸しているような生徒には、パソコンゲーム好きが多い』『コンピュータゲームに熱中するのは、彼らが育ってきた環境に野生が欠落していたことと無関係ではない。そして野生との交流の場を提供するのは本来、父性の役目だった。だから、父親とのコミュニケーションの乏しい日本の中学生が、ゲームへの志向をより強く持つのは、決して驚くべきことではない』[11]と述べています。

ゲームやテレビの時間が多いと、目の前でいじめが起きていても、現実に自分が対処すべきことではなく、まるでTV画面の中で起こっていることを見るような感覚があるのではないかと考えられます。ですから、いじめを止めることなく、傍観者となってしまうということも考えられます。

また、いじめの防止のためには共感性が育っていなければ、どうしようもないことがあります。いじめの加害者・傍観者を指導する際に、

---

10) 和久田学「いじめ予防プログラム TRIPLE-CHANGE」BASIC コース講演（2018 年 6 月 10 日）公益社団法人・子どもの発達科学研究所：子どもの心に関して研究開発された教材や情報を活用できるよう講演会の開催やホームページでの閲覧などができる　http://kodomolove.org/
11）正高信男『父親力──母子密着型子育てからの脱出』中公新書 2002 年

いくら「被害者の気持ちになって考えてみて」と言っても、被害者の気持ちになれないようなのです。

ただ「それでは、父親のいない子は皆、共感性がなく、いじめの傍観者になってしまうのか」という疑問もあるでしょう。そうではなくてここで言いたいのは、父親がいても「子どもと遊ばない父にはならないように」「子どもと遊べる日本の社会に」「社会全体として父性を担保すべき」「TV ゲームばかりさせていてはダメ」ということです。

また、こういった「父親に関して…母親について…」という授業内容の時に、教室には父親・母親のいない生徒ももちろんいます。ですから「君たちが子どもの立場で聞くとつらい話があると思うけど、自分が親になったら、という気持ちで聞いてほしい」と伝えています。いやな気分になっているだろうなと思いますが、そういった話をせずに無難に済ますより、将来、生徒が適切な子育てをしてほしいという思いから、生徒の様子に注意しながら話しています。

また、今の高校生を見ているとけんか下手だなと思うことが度々あります。やはり幼いころにけんかをさせておく意味は大きいと思います。そこで、けんかを肯定的にとらえることのできる父親に活躍してほしいところなのですが、母親に同調してしまって何も言えない。子どもと普段から接して、子どもの様子をよく見ていたら、何か言えるのでしょうが、そうでもないので強くは言えない。

我が子には「優しい子に育ってほしい」と思う親は多くいるでしょう。しかし我が子に「いじめを見過ごすような情けない子になってほしい」と思う親はいないはずです。それならば、父親が男としての子どもに対するしつけやかかわり方を、モデルがない中でも、必死で手探りして確立しなければなりません。

暴力・体罰ではない、突き放したしつけや、荒々しい危険な遊び、自然の厳しさを知るような体験など、男性的な能力を発揮することが父親には求められていること、社会的に父性を担保しなければいけないこと、父性と母性のバランスの重要性を授業の随所で解説しています。

親の役割

　父親母親いずれの場合にも求められる親の役割とは何かというと、
①子どもの世話をする。オッパイ、おむつ、着替え、入浴など。
②子どもに愛情を伝える。子どもの求めに応じて抱っこしてやる、あやしてやる、ハグする、手をつないでやる、子どもの話を目を見てしっかり聞いてやる、子どもに笑いかける、笑顔を向ける。
③子どもと一緒の時間を過ごす。一緒に眠る、一緒にご飯を食べる、一緒にお風呂に入る、一緒に遊ぶ、一緒に TV や映画を見る、一緒にどこかに出かける。
④子どもと話す。[12] 子どもの目線に合わせて話をする、子どものしていることに注目して声をかける、今起きている状況に応じて言葉をかける、子どもの言葉の穴埋めをして言葉をふくらませる、「どうやって？」「なぜ？」と問いかけ、子どもの答えを待つ、子どもの質問「何で？」「これ何？」に対してしっかり調べて答えてやる。
⑤子どものしつけをする。生活のルール、世の中のルールを教える、

---

12) ダナ・サスキンド『3000 万語の格差』明石書店 2018 年
　　親からの言葉かけの大切さと、具体的にどうすれば効果的なのかを解説した、今日から始められる非常に参考になる本です。第 2 章で引用して説明します。

親になる前の教育　● 　23

ルールを守れるように助ける、守れない時のペナルティ（体罰ではない）を子どもと一緒に考え自ら守れるようにしてやる、あらかじめダメなことを教えておき練習しておく、正しいことをした時はほめて、悪いことをした時には正し、何が正しいことか悪いことなのかを教える。

⑥子どもが他者への共感性や自尊感情を養い、社会生活を健全におくれるようにしてやる。子どもとたくさん話をする、適切にほめて育てる、途中の過程[13]や人そのものをほめて[14]、能力や結果はほめない。

などが基本的なこととしてあげられます。こういったことを子育ての中で親がやりとげるには、子どものできないことをできるようになるまで我慢強く待つことのできる『忍耐力』や『自制心』と、子どもの望んでいることを察したり推し測ったり、子どもの心に寄り添ってやれる『共感性』や『想像力』などが、親自身に必要であると考えられます。

また、忍耐力や自制心は、体罰に頼らずにしつけしようとする時にも、子どものケアを面倒くさい、疲れると思う心を押しやって子どものために動こうとする時にも、自分の考えや過剰な期待を子どもに押しつけて、勉強やスポーツを強制的にさせてしまわないようにする時にも必要です。

そういった力は、初めから十分にあれば問題はありませんが、人それぞれにもともとある力は違います。むしろ最初から完璧という人は

---

13) ダナ・サスキンド『3000 万語の格差』明石書店 2018 年
　　頭の良さそのものよりも、過程や熱心さ努力をほめられた子どもは、『心の成長の枠組み』を持つ、つまりはもっとがんばれば良くなるという気持ちを持つことができる。
14)「人そのものをほめる」：人の物を盗むな、というより、泥棒になるな、正義感を持てというより、正義感が強い人になれという方が理解しやすい、という説もある。

だれもいません。子育てしながら、少しずつ力を向上・成長させて人は親になっていくものです。私自身、親になってから忍耐力や自制心が昔と比べてはるかに成長したなと実感しています。

　ただし、この自制心や共感性などにつながる脳の機能については、友田明美氏は『厳格な体罰を経験したグループでは感情や思考をコントロールし行動抑制にかかわる前頭前野の容積が 14.5 〜 19.1％小さくなっていた』と報告[15]しています。

　被虐待経験のある人は、そのままの状態では、子育ての中での向上・成長を待っていては追いつかない状態、つまり虐待の世代間伝達が生じる可能性があることになってしまいます。ただし、『その子の安心安全を確保し、心理療法や服薬を行うことによって脳の傷は癒される』という友田氏の報告もあります。

　ですから授業の中では生徒たちに、自分の育てられ方を振り返って生育歴の整理をし、自分の育てられ方に不適切なところがあると自覚できた場合や、愛着障がいの生じた場合の例（自己制御がしにくい、対人関係が苦手、自尊感情が持てないなど）をプリントで見て、自分に当てはまると思った場合、専門機関に相談した方が良いと言っています。

　また、少しでも何とかしておこうという思いで、自制心につながるスキル（怒りのコントロール）や共感性を養うスキル（疑似体験やロールプレイ）などの学習を、被虐待経験のある生徒を意識しながら取り入れています。

　被虐待経験のある人には、自身の状態を自覚できるチャンスがどこ

---

15) 友田明美『子どもの脳を傷つける親たち』NHK 出版新書 p.77、p.110-137　2017 年

かで必要です。虐待の世代間伝達を防ぐには重要なので、児童相談所で対処した子どもに対して成人前に追跡して学習の機会を設ける、さらに児童相談所で対処していない被虐待経験のある人のためにも学校教育の中での支援を義務化するなど、何らかの対策が必要です。

ニーズに合わせる

　受け手の状況によっても、伝えたい内容や手法は変わります。

　学習意欲が高く、学生時代も一所懸命勉強してきた人は、親になっても、子育てについても一所懸命勉強するでしょう。ところが今、ネット上などには玉石混交のさまざまな情報があふれかえっています。職場の若いお母さんは「夜中に子どもが泣いて、眠れない」とSNSでつぶやくと、たちまち励ましや寝つかせる裏ワザなどが返ってくるそうです。ただし、真面目すぎるとそういった情報のすべてをまともに受け止めてしまい、何が正しいのか、どれを信じていいのかわけがわからなくなります。

　そういった傾向の人には、『親があれこれ必死にがんばっても、遺伝と環境の影響に対し、親の養育の影響は比較的小さい』[16]のだから、子どもを毎日殴り続けたり、無視し続けたりするなどの虐待でない限り、少々のことは大丈夫くらいの気持ちでいい。たまにはいらいらしたりするのは当たり前と言ってあげたいものです。

　本来、子育てとは楽しいものです。「子どもは3歳までに親孝行のすべてをし終える」という言葉があるくらい子どもはかわいいもので

16）J・R・ハリス『子育ての大誤解』ハヤカワ文庫 2017 年

す。細かいことを気にせず、もっと大らかに楽しめばいいと伝えたい。ところがせっかくの楽しみも、例えば「ピーマンが嫌いで食べない」とか「手洗いする前におやつに手を出してしまう」など、長い人生を考えると大した影響もないようなことにピリピリしてしまっていないか。「そんなに気にしなくても大丈夫」と言ってくれる人の存在も必要でしょう。ここは子どもの様子を客観視できる父親や祖父母、保育園の保育士さんなどの役割でしょうか。そういう人がいなければ、子育てサークルなどに参加して保育士さんや保健師さんなどから助言を得られるようにしておくことも、ひとつの手立てでしょう。

　私も保育士さんにはアドバイスをいろいろいただき随分助けられたものです。「引き出しの物を全部出してしまって困る」と相談した時、「楽しんでやっているのだから、しかることではないですよ、そのうち飽きたらやめますから、ちょっと我慢して、こんなこともできるようになったと思って、付き合ってあげて」と言われ、「目からうろこ！」でした。自分の面倒くささにばかり気を取られ、子どもがいたずらをしているという認識で、「楽しんでやっている、こんなこともできるようになった」というとらえ方ができていませんでした。時間に追われ、必死で毎日過ごす中で「はた」と立ち止まらせてくれる出来事でした。自分の子の状況を把握したうえで、もらえるアドバイスは本当にありがたいものです。人から直接かけられる言葉には、やはり力があり、SNSでは得られない安心感があるのではないでしょうか。アドバイスをもらえる人を確保しておくことは大切です。

　また、何事にも完璧主義な人もいて、子育てにも完璧を求めてしまいます。完璧な子育て、100点の子育てなどなく、100点満点の親などいないし、100点の子どももいない。赤点でなければOK、くらい

の気持ちでいいよと伝えたい。しかし「完璧でなくてもいいよ」と言ってもなかなか完璧の呪縛から逃れられないのが完璧主義の人。子どもに良くない影響が出る前に、何とか気づいてほしいのですが難しいところです。そういう人には「子どもに完璧を求めるのはちょっと違うよ」という内容の本[17]などを紹介して、自ら気づいてもらう方が効果的であると感じています。

また、夫の都合で退職することになってしまったとか、家庭の都合や何かで自分の思うような進学や就職ができなかったという人の中には、つい我が子を自分の代わりに頑張らせてしまう人、自己実現の代行を子どもにさせてしまう人がいます。そういう人には「自分自身の人生を生きようよ、そのための時間を作ろう。無理やり自分の時間を作らないと時間なんてできないよ」と言ってあげたいものです。

生徒には、専業主婦が楽というのは思い違いであり、ものすごくつらいと思っている人も中にはいることを理解してほしい。ママ友づきあいが、いかにやっかいで逃げ場がないかなど、さまざまな状況も教えています。

また、家事・育児の全責任は自分にあると思い込んでしまっていて、子どもは３歳になるまでは母親のそばにいた方が健全に育つという「３歳児神話」などの間違った知識のために退職してしまう人もいまだにいます。そういう人には、子育ての責任は母親にだけあるわけではないこと、３歳児神話は神話、つまりはうそ。正しい情報ではないと伝えたいものです。

子どもだけで公園で遊ばせることができない時代です。少子化で近

17）原田正文『完璧志向がこどもをつぶす』ちくま新書 2008 年

所の公園に子どもの姿はなく、自由に遊べる環境もないことを考えると、同年代や異年齢の子どもと目一杯遊ぶことができる保育園で育った方が健全な養育環境と言えるかもしれません。ただし、保育園の質次第ですが。

　また、一時保育などを、経済的に許す限りしっかり活用して、リフレッシュしてもいいと思います。子どもと「しんどいな」と思いながら24時間一緒にいてやるより、時間は短くても濃密に接してやる方が良いはずです。

　私などは時間に追われて毎日必死でしたが「仕事で疲れたな」と6時前後にお迎えに行き、まずギューっとハグして子どもに癒され、夕方から夜、何やかやと世話をして子育て疲れしていても、朝起こして保育園に連れて行くころには、次は「さあ、仕事！」とまたリフレッシュした気持ちで仕事に向き合えるという良いサイクルで生活できていたなと思い返せます。うまく公的機関を利用して、ストレスをためずに、かしこく子育てをしようと伝えたいものです。

　一方、子育ての学習というと「面倒くさいなあ」と敬遠する人もいます。そういう人のために、学習の導入部分で笑いの要素を入れてみたり、わかりやすい言葉遣いや、イラストや4コマ漫画での表現なども取り入れてみると、少しのことでこちらを向いてくれるようになることも多いものです。

　さらに言葉でのしつけではなく、体罰でしつけしようとする人には、その体罰の肯定観を否定するだけの根拠と体罰の代わりになるしつけのスキルを[18]学習してもらう必要があるでしょう。

18）コモンセンス・ペアレンティング、マイツリー・ペアレンティング、トリプルPなど著書やホームページの他、各自治体主催で勉強会が開催されています。

ただ困るのは、聞くことをシャットアウトしてしまう人です。「子育ては、こうしましょうね、ああしましょうね」と言うと、「どうせ、自分にはできないから」「子どもなんて、かまってる暇ないし、どうせ聞いても意味ない」という反応になってしまう人も中にはいます。前向きな話をしようとしても拒絶されてしまうのです。

　そんな場合は、重篤な虐待の事例など、かなりシビアな話から入り、笑顔を封印して真剣な口調で話します。もしかしたら、虐待を経験していて子育てに対して前向きになることなんてできないと思ってしまっている人かもしれません。ですから、その人の経験よりも重篤な話（死亡事例は必ず重篤でしょう）をすることで、「私はまだマシかも」と少しは気持ちを楽にしてもらえるかもしれません。

　授業では必要な折々に「今から話すことは、皆さんが将来親になった時に、我が子を虐待しないためのものです。子どもの立場で聞くと、つらい話があると思うけど、将来もしかしたら親になるかもしれないから、親の立場としてしっかり聞くように。あまりにつらかったら退室してもいいから、とりあえず、しっかり聞いてみて」「虐待はだれもが、加害者になる可能性があるもの。君たちは、今、子どもを虐待したりなんかしないと思っているでしょう。でも、実際に虐待してしまった親も最初は皆、虐待なんてしないと思っていたはず。だれも虐待してやろうと思って子どもを産んだわけではない。でも、ストレスとか、いろんな状況で虐待してしまっているということ」などと前置きしてから授業に入っています。

　生徒の中にも、子育ての話は耳で聞いていても脳に届いていない、どこかでシャットアウトしているなと感じる生徒がいます。温かな愛情あふれる子育ての話を聞くのはつらいし、自分の経験を思い出した

りするのでしょう。自分と比較していろいろ考えてしまうのかもしれません。そういう時は、その生徒だけの目を見て話し、「皆さんが我が子を虐待しないため。自分が嫌だったことを我が子にしないため」と繰り返し言い聞かせるように話を進めていきます。

　いずれにしても受け手（生徒・受講者）の様子を見て検討しながら、ニーズに合わせて話す内容や教材を選ぶ必要があります。

この本の内容（了承のお願い）

　このあとの第1章以降では、虐待の要因として考えられる　①望まない妊娠・若年での妊娠・結婚　②知識・体験の不足　③貧困と孤立　④母親の心身の状況　⑤赤ちゃんの泣きと揺さぶられ症候群　⑥子どもの側の問題　⑦世代間伝達　⑧体罰の肯定観　の各虐待要因に加え、まとめとして⑨虐待の要因の理解　をあげ9項目について、その要因や背景、関連する報告などについて解説し、授業の内容、生徒の反応や感想などについて書き進めたいと思います。

　この本は高校の家庭科の授業で行っている子どもの虐待を予防するための授業について紹介しています。ですから中学や高校の教員の方の参考にしていただき、ぜひ授業で実践してほしいと思い書いていますが学校だけでは足りません。さまざまな場面で予防を意識した学習が行われる必要があります。

　子ども虐待について私は防止教育の専門家とまでは言えませんが、教える専門家ではあります。両親学級や保護者対応する時などで、教える時の技術や工夫の参考にしていただけたらと思っています。

　また、学習に関することだけでなく、虐待要因や背景、他の著書から引用した情報なども書いているので、ベテランの専門家の方には「もう知ってるわ」という内容もあるかもしれませんが、新任の方のお役に立つことはできるのではないかと思います。

　それから、これから親になろうというママ候補、パパ候補、現役のママ、パパの方々です。「我が子を虐待しないように」とこの本を手に取ってくださったのではないでしょうか。お役に立てることができたら何よりです。もっと深く学びたいと思われる方の勉強のために注釈も添えておきます。全部読んでいただきたいところですが、特に2章の知識、3章の「孤立の意味」、4章の母親の状況、5章の揺さぶられ症候群、6章の子どもの側の

問題、特に「眠育」、8章の体罰肯定観の否定などは、ぜひ読んでください。

　皆さんの時間節約のために特に読んでいただきたいところをあげておきます。

　第1章は助産師の方々に。 私自身も助産師さんの性教育の講演から勉強させていただきましたが、お返しに参考になる部分があればと思っています。

　第2章は保育士や保健師の方々に。 特に子育て体験は今の日本の状況からは非常に重要であると思われますが、協働して子育て体験を実施していくためにも共通理解を得られたらと願っています。

　第3章は児童相談所の相談員や保育士の方々に。

　第4章は保健師や助産師さんに。

　第5章は助産師や看護師、保健師の方々に。 育児について色々なことを初めて知ったのは保健所に置いてある母親向けのパンフレットでした。そういった資料で私も勉強させていただきましたので、両親学級で講師をする際の教えるスキルで何か参考になることがあれば「お返しができるな」と思っています。

　第6章は保育士や児童相談所の方々に。 特に「眠育」については将来の不登校を予防するためにも是非ご一読いただきたい内容です。

　第7章は児童相談所や児童施設関係の方々に。「ライフストーリーワーク」などは専門的な知識と時間がなければできませんので、教員としては、ここであげた内容を行っています。

　第8章は虐待に対応するすべての方々に。 また体罰がなくならない理由については、すべての教員が理解しておきたい内容です。

　第9章は最後の【予防策のまとめ】だけでも、 お読みください。

　また、アメリカなどから乳幼児の養育・学習プログラムがよく紹介されていますが、これらの有益な知識は、一部の学習意欲が高く、数万円もかかる講演会に参加し、著書を購入し読み込むだけのお金と時間に余裕のあ

親になる前の教育 ● 33

る人だけのものであってはなりません。もともと、アメリカで開発された時には、貧困層の子どもたちに、いかにすれば有益な養育・学習環境を提供できるか、貧困の世代間連鎖をどうしたら防ぐことができるかという目的で開発されたものが多いように思います。ですから、この日本においても、妊娠前の子どもや若い人たちに対して、均質で有益な養育・学習に関する情報が届けられることが望ましいと考えて授業に取り入れています。ここでは虐待を防ぐというより、もう少し範囲を広げた不適切な養育を防ぐという観点で、学習内容を各章で紹介しています。

　なお、この本に書かれている虐待予防学習は、授業の前と後で行ったアンケート調査で、一応の効果があるとの検証結果が出ています。また、違う教員が同じ教材で授業しても効果に差はないという結果も出ています。

　しかし本当に効果があったかどうかは、学習した生徒たちが、親になった時に虐待しなかった、適切な養育をしたという時に初めてわかるものです。ですから、学習内容としては、数年後から10数年後に親になった生徒たちが覚えているくらいインパクトのあるもの、意識そのものを変革するようなものを目指しています。

　また、この本では、授業で使っている教材（プリント）部分と重要な説明は枠で囲っています。プリントでは口頭での説明も文字にしています。同僚や他校の教員などだれでも同じように授業ができるようにという主旨です。

＊なお、生徒の反応と感想は、私の現在の勤務校の生徒とは限りません。前任校・前前任校でのエピソードも含まれます。また、発言・記述した生徒が特定できないように名前を伏せています。

　さらに夫（パートナー）、妻（パートナー）と書くべきところを夫、妻、生徒への説明では夫を「だんな」、男性性とするべきところを男性・父性などと簡略して表現しているところがあります。

第1章

望まない妊娠と若年妊娠の予防

背景にあるもの

　厚生労働省の虐待の死亡事例の報告[19]によると、心中以外（心中は要因がさまざまで推測でしか得られない場合もあるため）の虐待死で実母が妊娠期・周産期に抱えていた問題は「予期しない妊娠・計画していない妊娠」が34.6%を占め、虐待との関連性が一番高くなっています。

　また0歳児の虐待死亡事例[20]では、動機・背景として「望まない妊娠」があり、その詳細は

①経済的な問題：借金を抱えていた。中絶するお金がなくて出産した。

②不貞：婚姻関係のない相手の子。夫（内縁の夫）の子ではないかもしれないという思いが強かった。赤ちゃんを隠して、なかったことにしたかった。

③私生児：交際相手の子どもで、妊娠を相手に告げると別れ話になるから。

④母親の精神状態：精神疾患の治療を受けていた。出産前から家事や育児への不安が高い傾向があった。

　などが報告されています。

　こういった、もともと出産前から生まれてくる子に対して否定的な感情があると、最悪の場合子どもを殺すにいたり、死にいたらない場合も、懸命に世話ができなかったり、かわいがれないことは想像でき

---

19)「子ども虐待による死亡事例等の検証結果等について：社会保障審議会児童部会児童虐待等要保護事例の検証に関する専門委員会第13次報告」2017年8月
20)『児童虐待に関する文献研究——自治体による児童虐待死亡事例等検証報告書の分析平成24・25年度研究報告書』子どもの虹情報研修センター 2015年

ることです。

「100％いらない」ではなく、もしかしたら子どもを産むことで、好転する運命があるかもしれないとか、産んで育てられると思えないけれど、中絶するに忍びなかったなどの複雑な感情もあったでしょう。でも、やっぱり産んでみたけれども無理だった…。

また、若年での妊娠・結婚では、十分とは言えない経済状況や、まだまだ遊びたい盛りの時期に妊娠・結婚し、自由な友人との差にいらだち、自分だけつらい状況だと思ってしまいやすい。さらには、若年で妊娠・結婚する方の中には、自分の父母への不満や愛情欲求や、自己実現欲求として妊娠・出産を利用してしまうなどの心理があります。また、自分が今妊娠して出産したらどうなるか、経済的に大丈夫なのか、家事育児を不足なくこなしていけるのかなどの予測ができないまま、親になってしまう人もいます。

加藤幸雄氏は[21]『若年でのできちゃった結婚をするには、する理由がある』、何も好き好んで、若いのに親になる苦労を背負い込もうとは通常はしない、そこには虐待の世代間伝達にかかわることが背景にあるという主旨のことを述べています。

また西澤哲氏は[22]、『我が国の社会構造や労働状況を考慮に入れた場合、10代での妊娠・出産はその人の社会適応にとって非常に高いリスク要因となることが明らかなため、多くの女性は中絶を選択せざるを得ないのであろう。〜中略〜 10代の妊娠で中絶をしなかった理由を尋ねたところ「中絶は考えなかった。お腹の子は私にとって、唯一

21）加藤幸雄「子どもたちの健やかな発達を願う——震災・虐待などをのりこえて」日本福祉大学大学院社会福祉学専攻同窓会記念講演 2011年9月10日
22）西澤哲「子どもを虐待する親たち」『児童心理』68(6) ＝ 984：2014.4「難しい親」への対応 p.25-32

望まない妊娠と若年妊娠の予防　● 37

の本当の家族であるように感じられた。私の両親は私を愛してくれなかった。その代わりに自分が作る家族を愛情に満ちたものにしたかった。その家族であるお腹の中の我が子を中絶するなんて考えられなかった」と述べている。すなわち、自分に欠けたものを補おうとして子どもを産み育てていることになるのではないだろうか』と報告しています。

　授業では10代で結婚・出産することの意味を、生徒には次のようにプリントで説明しています。

　　自分の今の家族が大嫌い。父親母親なんて死ねばいい。自分勝手で私のことなんて真剣に考えてくれてない。だから、早く今の家を出て、赤ちゃんを作って結婚して、新しい家族を作ったら、きっと幸せになれるはず。理想の家族を作って、自分が安住できる場所を作って（自分が）幸せになりたいという思いで結婚・出産する。でもそれは、生まれた子どもを自分の幸せのために乱用していることになる。しかも、経済的にも厳しく、精神的にも未熟な状態で、さらに早く家を出たいくらいだから親は見本にできるような親ではないだろう。良い家庭の見本を知らないから、良い家族を築くことは、とても難しい。良い親がどんなものかもわからない。

　　結局、夫婦関係もうまくいかなくて、子育てもうまくいかなくて不幸せを嘆き、自分の幸せのために役に立たなかったばかりか、足かせにしかならない子どもに対し腹立たしく思うようになってしまい虐待にいたる、というようなこともある。

と説明しています。加えて次の解説もしています。

　結局、できちゃった結婚をしてみたものの、家事はやったこともなければ、実家でも見たこともない。そもそも子どもにとって嫌な家族

なわけだから、実家では細やかに食事のしたくや洗濯掃除、優しい心づかいなどなかったかもしれない。良い子育ての見本や家事の見本を知らない状況で、できるかと言うとできない。

　さらに同年代の友人たちは、メールなどで『今日、合コン！楽しみ』とか『ボーナスでブランドバッグ買った！』って知らせてくる。それに引き替え、自分は日々の生活費にも事欠き、外食など行けない、服も満足に買えない、その上、24時間子どもは泣いて、ずっと世話しなければいけない。夫の方も職場で飲みに行こうと誘われてもお金もなく、早く帰らないと妻に怒られるので断らないと仕方ない。友人から遊びに行こうと誘われても『仕事が忙しくて』と言い訳するしかない、という風にストレスの解消もできないまま家に帰ったら、妻は愚痴を吐き続け、子どもはギャーギャー泣いている。もううんざり、となる。しかも、若くて子どもができて、結婚したとなったら、働いても自分のことにお金を使えるいい時代もなかったかもしれない。

　結局、離婚ってなってしまう割合も他の年齢層よりも高い。ネットの情報だと10代で妊娠した、できちゃった結婚の離婚率は8割というデータもある。

　結局はひとり親として子どもを育てるけれども、過労とか孤独とかお金がないとか、子どもが再婚相手になじまないとか、いろんな問題がでてきてしまい虐待へとつながってしまうことになると具体的に話しますと、「何で、早く子ども作ったらダメなん？」と言っていた生徒も納得するようです。

　また虐待予防のためには、子育てのつらさを実感させるのが一番なのですが、若年の妊娠・結婚への希求、肯定観の強い生徒に限って、両親の離婚後、母親なり父親なりが再婚して幼い弟妹がいることも多

望まない妊娠と若年妊娠の予防　● 39

いものです。「子育ては大変なんだから、もっと、いっぱい遊んで、年食ってから親になっても遅くはないよ」と言いますと、「子どもは、ずっと私が世話してて大丈夫、慣れてるから」と言います。でも、よくよく聞きますと親はネグレクト状態で何もせず、世話といっても、食事は店屋物、着替えや入浴などは適当で、話し相手になったり絵本を読んだりといったことは皆無、泣いても放ったらかし、うるさいと殴るだけです。だから子育ては楽なものと勘違いしてしまうようです。

　また私の知る限り、高校生では「早く赤ちゃんがほしい、家を早く出たい」という状況は、男子生徒には少なく女子生徒に多くみられます。成長のあかしとも考えられますが、男子生徒には「女の子には、ただただ、子どもができたら幸せになれるというような幻想を抱いてる子もいて、『今日、大丈夫な日か？』って聞いたら、『大丈夫』って言うので安心してたら、『できちゃった』っていうようなこともあるから、気をつけて」と教えておきます。女性は結婚を早くと望んでいても、男性はまだまだ準備できていないということもあります。そういう男女差も解説します。

　自分の安住の地（結局安住できないが…）を得るために妊娠・結婚を利用しようとする心性をどうにかしたいとは思いますが、非常に難しい課題です。意識を変化させることも困難と感じています。

　それでも、生徒には伝えるべきは伝えておこうと思っています。

> 「自分は親になりたい。なっても精神的にも経済的にも大丈夫と心の底
> から思えてから親になろう」
>
> 「一時の勢いで親になってしまっても、子どもがいるのだから後悔だけ
> では済まない。妊娠・出産・結婚は冷静に、しっかり考えて計画的に」
>
> 「相手を好きなだけでは、一生は生活をやっていけない。一生添い遂げ
> られるだけの経済的な安定と労わり合える関係、信頼しあえる関係があ
> るか、よくよく考えて」

と伝えています。

　また、中学や高校で虐待の予防学習をする意義として、一番にあげ
られるのは、この望まない妊娠や若年での妊娠の予防です。他の内容
は妊娠してから後でも学習できます。しかし、望まない妊娠を防ぐに
は、児童養護施設などでの学習会も含んで、中学や高校、あるいは大
学など教育機関でしか今のところ学習の機会は考えられません。教え
るのは教員はもちろんのこと、助産師さんや保健師さんなども講演会
の講師として考えられます。ただし、そういった講演会の設定ができ
るのは教員です。痛ましい虐待事例を防ぐ責任が教員にあるという自
覚とともに、自分たちなら予防できる可能性を持っているという自覚
も必要でしょう。

　また、望まない妊娠には、妊娠に対する計画性のない性生活が背景
にあります。避妊の知識や方法が中途半端であったり、楽観的であっ
たりすると考えられます。

　その中途半端な知識を正しいものとし、楽観的な態度を改め、真剣
かつ誠実に避妊と向き合い確実に避妊を実行するという態度に変化さ

望まない妊娠と若年妊娠の予防 ● 41

せる必要があります。

　そのために、生徒たちは何を知らないか、どのように誤解しているかを明確にする必要があるでしょう。そして実効性をともなう知識とするには、具体的にどうすればよいでしょうか。

中絶と避妊

　まず、中絶や避妊に関する正しい知識をどれだけ持っているのか、大阪のＡ高校生250名を対象に2015年に調査しました。男子237名、女子13名。女子については対象が少ないので他校の協力を得て40名分調査しましたが、男女による正答率にも有意な差はありませんでした。ただし、ここ4年同様に調査していますが、毎年、結果の割合は変化していますので、数字よりも「いかに知らないか」ということに注目していただければと思います。

　結果を次の（表1）にまとめました。

	問	正解	正答率
1	妊娠の判定	尿検査・妊娠検査薬	43%
2	妊娠後の心身はどう変化するか	月経が止まる・つわり・高温期の継続	70%
3	妊娠週数を数える初日はいつか	最終月経の開始日	0%
4	妊娠中絶とは、何をどうすることか	胎児を手術で母体外に排出すること	60%
5	中絶は何週目までできるか	22週未満	0%
6	中絶の費用はいくらか	初期8〜15万、中期10〜24万	5%
7	女性が行う避妊方法で一番効果が高いのは	避妊用ピル	48%
8	コンドームを装着していたら、避妊できる	できないこともある	70%
9	基礎体温とは何か	女性が起床時に体温を測り排卵日などを知る	2%
10	アフターピルとは何か	医者で処方される事後避妊薬、72時間以内の服薬で効果は80%	12%

〈表1〉避妊・中絶の知識

調査の結果の状況と、生徒に対して正答を解説しているときの様子を紹介します。

❶妊娠の判定は、「妊娠検査薬」という名称は知りませんが、「紙みたいなやつ」とか「赤とか、＋の出るやつ」などあいまいな回答も含みますが比較的、正答率は高い数字になりました。

❷正答のうち「つわり」という回答が９割、「生理がなくなる」という回答が１割くらいでした。「吐いたりするやつやろう？」と漠然とした情報は持っているようです。

❸望まない妊娠などの場合、中絶を検討するために、一番知っておかなくてはいけないのが、この妊娠週数の数え方、最終月経の開始日を０日目とすることです。このことを知らなければ、いつまでに決断すべきかを判断しようがなく、重要な知識なのですが正解はだれもいませんでした。

　以前、助産師さんと一緒に、児童養護施設の生徒を対象に「命の授業」をした時、私が妊娠出産にまつわるお金の話・父親の心得・赤ちゃんはなぜ泣くか〜揺さぶられ症候群〜怒りのコントロール、などを担当し、助産師さんが避妊・中絶・性感染症を担当されました。その時に「夏休みに入ってから付き合いだして、お盆のころにセックスしたら、次の生理が来ないって、騒ぎだすのが９月。で、中絶できる最終期限はクリスマスまで。結構長いと思うかな。生理の遅れがちな女の子だったら、10月に入ってからヤバいって言いだすし、下手したら11月ごろまで妊娠してるって知らずにいる子もいる。そうしたら、妊娠ってわかったとたん、どうするか決断しないといけなくなるよ」と、カレンダーで解説されていました。「盆でクリスマス」はわかりやすいので、参考にして教えています。

望まない妊娠と若年妊娠の予防 ● 43

❹中絶という言葉を知らず、「子どもをおろすこと」と言うと、「なんや、知ってたわ」と言う生徒もかなりの数でおり、「手術で殺すこと」と漠然とは知っていましたが、具体的にどのような手術をするかなどについては、全く知りませんでした。また、アフターピルと混同している生徒も 10％ほどおり「薬で妊娠を止める」とか「薬で殺す」などという回答もありました。

❺妊娠何週目まで中絶できるかの知識も、望まない、予期しない妊娠を予防するには重要な知識ですが、これも正確に知っている生徒はいませんでした。しかし、いざとなればネットで調べて正確な情報を把握すればよいのですが、22 週未満までと決まっていることを教えると「そんなこと決まってるの」とびっくりする生徒もいて、こちらがびっくりさせられます。

　「じゃあ、生まれる直前まで、中絶できるっていうの？」と返すと、理解したようで言葉につまります。

　教える側としては「そんなことも知らない」という前提で、中絶するには期限があること、その 0 日目は妊娠も排卵もセックスもまだしていない時に設定されていて、生理不順な女の子の場合、中絶できる期限を過ぎてしまうこともある等々の知識を伝達する必要があります。

❻中絶の費用は無回答が多く、回答している生徒も当事者経験がない限り、当然ですが全く予想もつかないようです。

　「妊娠は病気と違うから健康保険がきかないの」と、説明しネットでその費用を調べさせます。実際にかかるお金がわかると、「コンドームの方がずっと安いやん」という生徒が多く結構な人数でいました。ものすごく正直な感想です。「そう！　その通り。将来コ

ンドーム買う時、高いなあ、邪魔くさいなあって思ったら、中絶の費用を思い出して」と言っておきます。

　また、妊娠初期と中期では費用とかかる時間（初期8〜12万円で半日〜1日、中期10〜24万円で1〜2日以上）などと、手術の危険性も違います。中期以降の手術の方が大がかりで、時間もかかり、のちの不妊などの後遺症があるなどの説明をします。ただし、初期というのは11週まで（12週未満）。11週というのは、基礎体温を測っていればいち早く妊娠に気づくことができますが、それでも4〜5週目にはなっています。「次の生理が来ない」とざわつくのが5〜6週目。ですから、生理不順な女の子では、気づくのがどんどん遅くなってしまうので「11週というのは、あっという間にやってくる」という認識を植えつけたいものです。

❼「避妊用ピル・経口避妊薬」という名称がわからなかったのか、無回答の生徒でも、「女性がほぼ毎日飲む薬」と説明しますと「なんか聞いたことがある」と発言する生徒が多くいます。「正しく服用する限り避妊効果はほぼ100％」と説明しますと、「そしたらコンドームいらんやん」と必ずだれかが言いますが、「毎月、2〜3000円ほどかかるし、必ずお医者さんの診断と処方箋がないと買えないし、ほぼ毎日飲まないといけないけど、飲まなくてもいい日もあるから飲み忘れもある。飲み忘れたら効果はないし、生殖器などの発達が完成している大人の人向き。10代は体つきは大人でも生殖器は未発達な状態。だから結婚前だとコンドームをメインに考えた方が現実的。それからコンドームだと性感染症の予防にもなるから、ピルを服用していても、コンドームを使う人もいる」と解説すると、まずはコンドームを使うことを納得するようです。

望まない妊娠と若年妊娠の予防 ● 45

❽「コンドームをしていたら、避妊できる」と質問しているので、生徒もちょっと気を利かせて「これは、できないが正解だな」と予測したようで、正答率が70％となっていますが、コンドームについて説明すると、必ず「めんどくさい」「出す時だけつけたらいいやろ」などと自分の経験をひけらかすように言う男子生徒がいます。「必ず最初からつけとかないとダメ。コンドームをつけていても破れる時があるから、殺精子剤も一緒に使って。で、女子は必ず基礎体温を毎朝計って、低体温期から高温期に入って5日はセックスしない。高温期から5日目以降、次の低温期になるまで、コンドーム、殺精子剤と3つ実行して初めて避妊してるって言えるの」と説明しますと、またもや生徒は「面倒くさい」と言います。生徒だけでなくだれしも面倒くさいはずです。そこで面倒くさいと言わせない意識の変化を迫る「何か」が必要となります。

❾基礎体温は女子でも「よくわからない」「体温を測る」というような正解とはできない回答が大半でした。避妊だけでなく、生理不順や生理痛の治療の時にも必要なことなので、朝起きてすぐに毎日欠かさずなど、正確な計り方を教えます。

　ですが、この面倒な作業を毎日、ずっと繰り返すことが可能でしょうか。実効性を考えたら、一度、3か月ほど計ってみて、だいたい定期的に排卵と月経が繰り返されているなら、排卵日予測のアプリを使うことも良いかもしれません。

　また、生理不順がひどい人は、それこそ排卵を確認し、もし心配なところがあれば早いうちに受診したらいいと教えます。

❿アフターピル（緊急避妊薬）の正確な情報として、産婦人科を受診して（ネット受診というのもありますが、あえて生徒には教えま

せん）、処方せんを書いてもらい、72時間以内に服用して80％の成功率、薬代が4,000～6,000円、診察代も健康保険が使えないなど、正確なところは全く知りませんでしたが、「セックスした後に飲めばいい薬」という一応正解とした回答を12％の生徒がしました。本来は性被害にあった時のためのものという説明も含めて、正確な情報を伝えると、やはり「ええ～、お医者さん行くの面倒くさい、お金高い」と言います。「そう。コンドームの方が安いし、結局は面倒くさくないよ。あと、最近ましにはなったと聞くけど、人によってはかなりの副作用があるの。吐き気がして、立っていられなくて横になっても苦しくて、乗り物酔いのひどいのみたい。だから、アフターピルがあるから大丈夫とか考えないで、最初からコンドームと殺精子剤を使って、基礎体温で安全な日か確認して。ただし、それでも100％妊娠しないとは言えない。風邪ひきの熱を高温期と勘違いすることもあるし、コンドームも破れるし。じゃあ100％妊娠しないのは？」と聞くと、「しないこと？」と返ってきます。「そう！できて困るなら、するな！　最後まで責任取れないなら、するな！ということ」と言っています。

意識の変化を起こす中絶・避妊の授業

　面倒くさくて当人にとってはマイナス面が意識下にある避妊をプラスのもの、つまり当人にとって「得」「正しい」「その方が望ましい」となって、「避妊は正しい方法できちんと行った方が自分にとって良いのだ」という意識に変化させるためには、知識を伝えるだけでは難しいと感じています。パワーポイントやプリントを使って、詰め込む

望まない妊娠と若年妊娠の予防　●　47

ように授業や講演をしても生徒の耳には入っていきません。よほどの
インパクトがあり、心境の変化を迫る何かがないと実効性が伴いませ
ん。

　切実な問題を抱えた当事者であれば聞くでしょうが、自分に当面、
不利益がなければ他人事です。それを「君たちも当事者なんだよ」「い
ざ、という時に、日ごろから準備しておかないと、できないよ」と言っ
ても実感はないでしょう。実効性をともなった知識とするためには、
どう言えば心に響くか言葉を探りながら、さまざまな手法（調べ学習
やロールプレイ、グループワーク、DVD 視聴やマンガなど）を用い
て学習を進める必要があります。

　また、避妊が必要になる時期は人それぞれです。高 3 でも全く興味
関心のない生徒もいますし、中 1 でももう遅いという生徒もいます。
とにかく「もう遅い」という状態を防ぐことが最優先課題です。その
ために、中学でも教え、高校でも教え、家庭科でも教え、保健体育科
でも教え、さらに助産師さんや保健師さんの講演を聞く。それくらい
の必要性があります。

　現在、文部科学省の定める家庭科の学習指導要領では、中絶と避妊
は扱わないことになっています。しかし、虐待の予防を考えるとどう
しても中絶・避妊の授業は必要だと私は思います。保健体育科と時期
をずらせ、切り口や教材が違うことを確認して行っています。とにか
く回数を重ねることと、教わる時に興味関心のない生徒でも覚えてお
いてくれるような工夫が必要です。

　そのための工夫の一つ目は中絶にかかる費用について自らネットな
どで調べさせます。言葉で教員が伝える受動的な学習ではなく、自ら
調べる能動的な行動をとることで脳を動かして、少しでも意識に訴え

かけ、記憶に残ればと考えています。

　年長者では工面できる金額も、若い人では自分一人（二人）では、どう調達しようか途方に暮れる金額です。だからこそ、この学習が有効だと言えます。

　二つ目は、中絶についての DVD を見せます。アメリカ製の古い（1989 年製作）もので『胎児の声なき叫び』というタイトルで、実際に中絶している最中に超音波映像で撮影したものです。解説者の「今、子宮に入れられた器具から逃れようと胎児が激しく動いています」とか「今、頭部が切断されました」などのナレーションが入る、かなり強烈なものです。途中気分が悪くなって退室する生徒（たいてい男子です）が時おり出るくらいのものです。中絶は「肉のかたまりを外に出す」というようなものではなく「胎児を殺すことである」と理解できて、中絶は絶対に避けるべきものだという認識になります。

　三つ目は、DVD の視聴記録とともに、重要事項（中絶に関する法律・方法・期間・費用など）の整理とともに記録用のプリントに次のような質問を入れて、自分で考える機会をつくります。

望まない妊娠と若年妊娠の予防　●　49

①仮に、自分が親だったとして、娘が中絶しなければいけなくなった時に、相手の男に対して、どう思うだろか。想像してみて書いて、（例えば、相手の男に「妊娠した」と言ったら「おれの子違うし、そんなん、知らん。さっさとおろせ」と言われたと聞いた。などの場合はどう思う？どうする？）。

②人はどんな状況の時に、妊娠しても中絶を選択することになるのか、いろんな場合を考えて書いてみよう。「子どもがいらない時」ではなく、どんな時にいらないと思ってしまうのかを具体的に考えて6つ書いてみて。

③では、中絶しなくて済むためには、何をどうしたら、いいだろうか。考えて書いてみて。

④次の例では妊娠中絶することは可能か、もう無理か。

　（例）彼とセックスしたのが8月のはじめごろ。中出ししないから大丈夫って言ってたけど、ぜんぜん大丈夫じゃなかった。

　妊娠したって、わかったのが10月の連休、生理が来ない！ってヤキモキして、やっと妊娠検査薬を買って調べたら、妊娠してた…。どうしよう、どうしよう、今、赤ちゃん産んで育てるなんて、できない。でも、中絶するのも怖いし、赤ちゃん、かわいそうだし。そうやって悩んでる間に、時間はどんどんたってしまって…。

　彼が安く早く手術してくれるお医者さんを探してきたけど、大丈夫かなあ…。困ったな、どうしようって悩んでるうちに、もうすぐクリスマス。手術って、いつまでならできるんだっけ…。

　①は随分前になりますが、「中絶の費用はいくらかかると思う？」という問いかけを生徒にした時に、「先輩が腹殴ったら、いけるって言うてたで。それやったら、タダやん」と言った男子生徒がいました。私は思わず「何てこと言うの！！」と激高し、その生徒にどう説明す

れば、今の発言がどれだけひどいことか理解してくれるのだろうととっさに考え、次に発したのが①の問いでした。

　それ以来、この問いかけを聞くことにしたわけです。

②はどんな時に子どもをいらない、中絶しようと人は思うのかを自分自身であらかじめ考えておくことで、それがいかに身勝手なことであるか、殺される胎児にとって理不尽なことかに気づくことで、避妊への強い実効性を持たせたいと考えています。

③の「中絶しないためには、どうしたらいい？」という問いには、このDVDを見た後では、皆一様に「ちゃんと、避妊する」と答えるので、「じゃあ、そのちゃんと、ってどうしたら良いか知ってる？」と聞くと、「ゴム使う」「いやいやコンドームだけではダメ！　破れてたらどうするの」と、正しい避妊の方法の授業に入っていきます。

ただし、このDVDはインパクトが強すぎて、「お腹の子がかわいそうだから絶対に中絶しない」となるものです。男子生徒に見せるのは、それくらいでちょうど良いと判断できるのですが、すでに中絶経験のある女子生徒がこのDVDを見ると、古傷をえぐり罪悪感を増大させてしまうかもしれません。

　また、私は女性が自分の心身や人生を守るために必要な、どうしても仕方のない中絶はあると思っています。ところが、女子生徒がこのDVDを見てしまうと、必要な中絶でも、中絶を選択しないことも予想されます。「女子は見なくて良いし、隣の部屋で自習しても良いよ」とDVDを見ない選択肢も用意しています。

　今までそう指示して、退室した女子生徒はいませんでしたが、このDVDを見せて中絶の学習をすることには、他校の家庭科の教員からも、懸念する声を聞いています。ですから女子生徒は最初から別室と

望まない妊娠と若年妊娠の予防 ● 51

しても良いかと思います。DVDに代わる教材は、沖田×華さん作の漫画『透明なゆりかご[23)]』を自習用に準備しています。

④の答えは「中絶できない」です。ただし「お盆でクリスマス」、と、中絶できる期間は意外と長いと感じてしまうかもしれませんので、悩んでいるうちに日はたってしまうことを強調しておきます。

また「中期中絶は赤ちゃんを産むのと同じように外に出すから、初期中絶でお腹の中を器具でひっかき回すより、安全なような感じがする」と言う生徒も多くいますが、中期中絶の方が手術の危険性や後々の不妊症などへの影響が大きいと聞きます。ですから、後遺症のことや16週あたりから胎動が始まることなども伝えます。安易に中絶を決断をするべきではない。でも、どうしても中絶するしかないなら極力急ぐに越したことはない。そういう難しい選択をしなければいけない状況もあります。それならば、しっかり避妊するのが何よりと結び、さらに「できて困るなら、するな」と話を終えます。

また、「この女の子、もうちょっとしっかりしようよ」とだれしも思うでしょう。じゃあ彼氏に罪はないのか。彼氏も無責任の極み。「もう、2人ともしっかりしよう」と自ら思い、さらに「自分もしっかりしなければ…」という心境につながってほしいという意図でこの文を作って、生徒に問いかけることにしました。

四つ目は命の大切さを理解するために、ありがちですが出産シーンと母親父親のコメントの入ったDVDを見せます。これは単純に見ると感動的なシーンです。ただし、被虐待経験のある生徒にはどう映っているのか、常に意識しながら見せます。「親はみんな、最初はかわ

23) 沖田×華『透明なゆりかご』第1巻～続巻 講談社 2015年

いい、無事に生まれてきてくれてありがとう、って言ってるのにね、何で虐待なんかするようになるんやろうね…」などのコメントをさらっと入れます。ありがちな感動的な話では終わらせません。虐待の要因について考え、だれもが虐待の加害者になってしまう可能性のあることに気づく一歩とします。

　被虐待経験のある生徒にとっても、「最初は自分も愛され、かわいがられていたのかも」と少しでも心の支えとなればとの思いもあって発言しています。

親の大変さを知る・子育て体験について

　予期せぬ妊娠や若年での妊娠を予防するために有効だと考えられるのは、中絶と避妊に関する意識変革のほかに、親になる前にあらかじめ子育ての大変さを実感させることです。そのために一番有効な方法は子育て体験実習です。

　イメージと現実のギャップを「竜巻をテレビで見ているのと、実際に自分の家の屋根が吹き飛ばされたほどの違い」と表現した人[24]もいるくらいに子育ての大変さは親となって初めてわかることも多いものです。ところが、近年の少子化の影響でしょうか。4〜6歳の子どもと遊んだことがないのは、高校生のうち、女子11.0%、男子30.3%、赤ちゃんを抱っこしたことがないのは、女子38.6%、男子の59.3%もいます[25]（図1、図2）。

　想像してみてください。自分（もしくはパートナー）が出産して、

24) Velskey.J『子どもを持つと夫婦に何が起こるか』草思社 1995 年
25)「高校生の育児体験の現状〜あなたは赤ちゃんを抱っこしたことがありますか〜」『大阪府高等学校家庭科研究』2006 年

望まない妊娠と若年妊娠の予防 ● 53

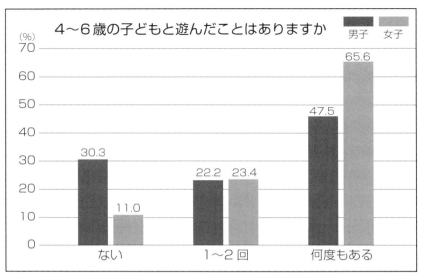

〈図1〉大阪府立高校生23校3000人対象2005年調査

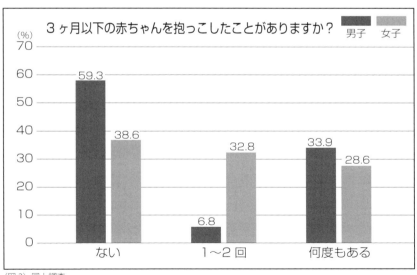

〈図2〉同上調査

生まれたての赤ちゃんを抱っこしようとする時、もし一度も赤ちゃんを抱っこしたことがなければ、どうでしょうか。ものすごく怖いのではないでしょうか。私は出産までに数えきれないくらいに赤ちゃんを抱っこした経験がありましたが、生まれたてのほやほやの我が子を抱く時には、やはり緊張しました。

　もし抱っこ経験が一度もなければ、抱っこするたびに緊張し、おむつを替えるにも、おっぱいをやるにもぎこちなく、最初の1週間あたりは慣れた人よりも、かなり疲れるはずです。また、たった3kgくらいなのに肩が凝って、腕はパンパンに筋肉痛になることを経験します。そこが起点となって育児不安や虐待につながる可能性もあります。

　ですから、実際に首の座らない赤ちゃんをできるだけ数多く抱っこしておき、子どもに触れて、そのかわいらしさを知りましょう。また、何で泣いているかもわからず、何をしても泣き止まず、大きい子だとだだをこねたり、ギャーギャー叫んでけんかしたりを経験させます。1日一緒に過ごすと、ぐったりしてしまう体験をして、イメージと現実のギャップをあらかじめ埋めておくことが何より大切です。

　子育て体験実習の効果については、『乳幼児と度々触れ合うことで、養育脳が育つ』とNHKスペシャル『ママたちが非常事態！？〜最新科学で迫るニッポンの子育て〜』（2016年放送）でも伝えていました。

　過去に、私は保育園実習や学校に親子を招いてのサークル活動などを授業の中で行っていました。当時（2004年）は子育てサークルや子育て広場などの親子支援事業はまだまだ少なく、この授業は母親が子どもを生徒に預け、ちょっとだけ解放された気分になって、ママ友もできるというスタイルが、専業主婦で24時間子どもと向き合っている方への支援としても良いのではと考えて始めました。

また、他校ではどうしているのか関心があり、2013年に子ども虐待予防学習に関する実施状況について家庭科の教員にアンケート調査[26]をしました。子育て体験実習の実施に関する結果は、「効果が高いことはわかっており」「実施したいが学校からの距離など適切な実習先がない」「安全確保のための人手が不足」「時間に余裕がない」などの阻害要因によって、実施できていないことがわかりました。
　また、保育体験実習を実施している学校でも、次の（図3）のような困難感のあることがわかりました。

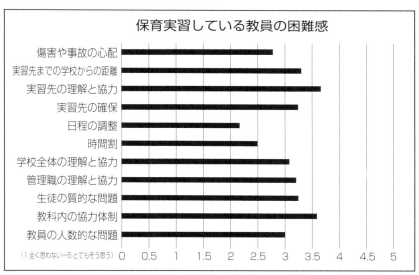

〈図3〉保育実習実施の困難感　大阪府立高校41校が保育実習実施2013年調査

　子育て体験は良いとわかっていても、なかなか手が出ない、非常にパワーのいることです。そこで紹介したいのが石川県の取り組みです。

26)「高校家庭科における児童虐待予防学習の実施状況調査」『大阪府家庭科研究紀要』　2014年4月

公益財団法人いしかわ・結婚子育て支援財団では、親子を招いて実習しようという「学校」と、高校生の勉強のために、学校に行ってやろうという「親子」をつないで実習できるよう、日程調整や人員確保などのお膳立てをするというすばらしい活動をされています。

　実習の実施にあたって、一番困難を感じる「どこに声をかけて親子に来てもらうか」というところの負担を肩代わりしてくれるわけです。さらに、この事業には石川県立看護大学の母性・小児看護学講座の教員も参画して、家庭科教員の方へのアドバイスなどもされています。うらやましい限りです。

　近年、日本は少子化で身近なところに赤ちゃんがいません。

　アメリカなどでは、ベビーシッターが高校生や大学生のアルバイトとして一般化され約40％の人が利用しています。ヨーロッパでも普及しており、ベビーシッターの普及している国の方が「家事や何かの用事の時、子どもの遊び相手がいる」という理由で、子どもの孤独感は低いという情報(インターネットによる)もあります。日本の利用率は数％(3％、5％などの情報があります) で、自宅にシッターを呼び子どもを預けるということは一般的ではありませんし、預ける場合でも、ベビーシッター認定資格などのある「信頼できる人に」となっており、高校生や大学生のアルバイトとして気軽にできるようなスタイルではありません。

　そうなると学校教育のどこかで、子育て体験をさせておく必要性が生じます。

　一番体験させておきたいのは、3ヶ月までの、まだ首の座らない赤ちゃんの抱っこです。先に紹介した石川県のような取り組みや、保健所での3～4ヶ月健診の際に生徒が入り込んで、赤ちゃんの面倒を見させてもらうという企画もあります。もちろん保育園でも気軽に受け

入れていただけると助かります。そういったことが全国的に展開できないものでしょうか。

　そのためには、日本の社会全体が「親になる前の中高生に赤ちゃんを抱っこさせておく体験が必要だ」と認識し、母親が「じゃあ、どうぞ」と、我が子を差し出してくれるだけの理解と協力、保健所や保育園などの理解と協力が必要です。

　動き始めはさまざまな困難があり大変でしょう。もし、私の子どもの３ヶ月健診の時に、「高校生が来て抱っこする」と聞いたら、きっと「大丈夫かな」と心配になるでしょう。拒絶する人も中にはいるはずです。

　「虐待の予防のためという共通認識」も必要なのですが、親の心配を取り除く安全に配慮した工夫もいろいろ必要でしょう。活動が進むにしたがって、次第に「自分も高校生の時に抱っこさせてもらったから」と協力的なお母さんが増えて楽になるかもしれません。子ども虐待や育児不安の解消のために、こういった活動が一日も早く一般化され、生徒たちのすべてが親になる前に子育て体験ができる体制づくりは急務です。

親の大変さを知る・経済的な予備知識

　親の大変さを理解しておくためには経済的な予備知識も必要です。生活費にはいくらかかるのか、そもそも家賃ってどれくらいなのか、子育ての費用にどんなものがあるのか、オムツ代やミルク代はいくらなのか、被服費には、すぐに大きくなるから春に着られたものが秋には着られない等々の知識も必要です。

インターネットを使って自分で価格を調べた後、問いについて考え、グループで意見を出し合い、意見を発表し、自分の意見とは違う意見もあることを知り、それを否定しないで、受け入れながら考えを深めるという作業をします。

最初に検索キーワードを提示するのですが、その後は自分でいろいろ考えながら検索していくので、プリントや教科書で知識を受け入れる従来型の授業よりも、よく理解できるようです。

今、教育界で流行のいわゆる"アクティブ・ラーニング"の一つの手法ですが、他者の意見を受け入れることで親の養育力に必要な、共感性を醸成することにも効果を期待しています。

次にあげる項目は時間とネット環境の都合で、すべてをできるわけではありませんが、生徒が取り組みやすく学習効果が高いことから、時間の許す限り実施したい授業です。

【検索項目】

１ヶ月の

〇家賃　〇食費　〇光熱水道代　〇通信費　〇家事用品・衛生費　〇被服費　〇教育費　〇娯楽費　〇紙おむつ　〇粉ミルク　〇哺乳瓶

１台の　〇ベビーベッド　〇ベビーカー

【考察】

①将来得られる給与（学校に来る求人票で調べる）。

②一人の給料で生活していけるのか。

③共働きできないのはどんな場合か。

④就職してから、どれくらい経てば、子どもを産んで育てるのに、無理がないか。

望まない妊娠と若年妊娠の予防　● 59

高校を卒業するかしないかくらいで「できちゃった」ら、そもそも就職できない。正社員として就職できなければ、産んだ後、子どもを保育園に預けて働こうと思っても、正社員として働いていないから保育園に預けられない。就職活動中に保育園の入所が可能な地域もあれば、不可能な地域もあるので、子どもを預けられないから、就職活動もできないし、パートタイムもできない。

　就職していても、働いて半年や1年で戦力にもなっていない状態で、「〇月から産休とります」「育休取ります」と権利では保障されているけれど、実際には辞めざるを得なくなるのが、日本の現状だったりする…などと解説していきます。

　「結婚・出産は25歳とか30歳とかになって、ある程度給料が高くなって経済的に安定して、正社員として産休育休が堂々と取れるくらいでないと困難が多い。そうでなくても困難は多いのに」という結論にたどり着くよう方向性を持たせながら、生徒自身が調べ学習をすることで、「子どもを育てるのって、お金がかかるなあ」という実感を持たせることで学習効果は高まります。

親の大変さを知る・子どもの1日と成長

　知識として赤ちゃんや子どもの1日がどんなものか知らないと、戸惑ってしまうでしょう。特に、虐待の発生件数が多い生後0～2ヶ月の赤ちゃんの1日、それから6ヶ月、3歳と成長するにしたがって夜に眠れるようになることや、遊びの時間が増えることなども比較してとらえやすいように、プリントを見せながら次のように解説します。

赤ちゃんの１日は、３時間おきの授乳とげっぷ、一日に何度もうんちのおむつ替えがあること、うんちはティシュなどでふいたらおむつかぶれになるから、お湯で洗うようにふいてやらないといけないことなど世話することが続く。その間にすきを見てどれくらい親が眠ることができるか。３時間おきの授乳と言っても、一回の授乳に早くて20分。最初母乳が出にくいことも多くて、20分吸わせても足りないって泣くから、ミルク作って飲ませるのに、また15分ほどかかる。すぐに寝かせるとお乳を吐いて窒息するから、げっぷをさせる。そうするとせっかく寝てたのが、また起きる。起きてしばらくしたら、寂しいよ、抱っこしてって甘えて泣く。仕方ないからしばらく抱っこして、やっと寝たなと思ったら、うんちして起きる、の繰り返し。結局夜中じゅうほとんど眠れなかった、っていう状態。赤ちゃんが生まれて後、１〜２ヶ月の間、１日の間でまとめて眠れても２時間がせいぜい。ひどい時なら１時間くらいしか眠れず、あとは細切れの眠り。そこにもってきて、最初の子どもなら慣れない育児、二人目の子なら上の子の面倒を見ながら。しかも赤ちゃん返りしてややこしい状態かもしれない。それから実家の母などに頼れることができれば、少しはマシだけど、頼れなければ家事もすべてしなければいけない。さらに、産後２ヶ月くらいまでの間はホルモンバランスの変化により、マタニティーブルーズから産後うつを発症しやすい時期。
　夫がいかに妻を支えるかにかかっている。

　と説明し「そんな時期に夫は、どうするべき？」と問いかけると、「家事を助ける」「助ける？　それでいいの！？」「？」「助けるって、どういうこと？　よその子なら助ける、でいいけど、自分の子よ」とそこまで言うと、意味がわかる生徒も中には出てきます。「赤ちゃんの面倒もみる」「それだけ？」「もっと、何かする」「何していいか、わ

からなかったら、奥さんに聞けばいいの。で、助ける、じゃなくて、父親も子育てを半分分担するつもりで」と説明します。さらに「この時期は家事を100％すべて夫が担って、赤ちゃんの沐浴やおむつ替えなど可能な限りやること。特に休みの日には赤ちゃんの世話も引き受けて少しでも妻を寝かせてあげること。この時期にしっかり夫としてすべきことをするかしないかで、その後の夫婦関係が決まるからね」と説き伏せてから、『ママたちが非常事態！？〜最新科学で迫るニッポンの子育て〜』（2016年放送）を見せます。この番組では産後の女性はホルモンの関係で夫に対して、どうしても攻撃的になってしまうことや、0〜2ヶ月の赤ちゃんは昼夜逆転するのが当たり前で、夜に寝てくれない理由などが説明されています。

　また、夫婦の離婚は子ども（末子）が2歳までが離婚全体の中で35.1％と多く、その要因は特定することはできませんが、産後のホルモン変化による女性の心理状況や夫の家事育児への積極的ではない関与が考えられるのではないでしょうか。

---

27) 厚生労働省「平成23年度 全国母子世帯等調査結果報告（平成23年11月1日現在）」厚生労働省雇用均
　　等・児童家庭局家庭福祉課母子家庭等自立支援室母子係　平成24年9月7日

第2章

虐待の予防のための
子育ての知識と体験

世代間伝達の防止につながる考え方

　子ども虐待の被害者のうちの3割に世代間伝達が生じると一般に言われています。

　逆に言うと、7割の人は伝達させていないことになります。では、その7割となる要因は何かと考えると「自分は絶対に親のようには子育てしない」という強い決意であったり、それを支える知識や経験だったりするのではないでしょうか。

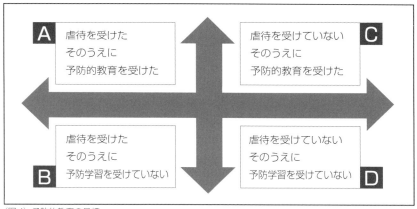

〈図4〉予防的教育の目標

　(図4)のように、知識の部分を教育で補うことで、【B】を【A】に、【D】を【C】にできるわけです。

　知ってさえいれば、いらいらしなくて済む。そういうことも多いものです。例えば、子どもはなぜ泣くか、生後すぐの昼夜逆転やイヤイヤ期の意味、産後うつの発症率、体罰以外のしつけの方法など知識によって助けられることはたくさんあります。

ところが、新しい知識を得ることなく親になると、自分が育てられた育て方をそのまま子どもにしてしまうことになりかねません。殴られて育って「いやだ、いやだ」と思いながら大きくなったとしても、そんな育て方しか知らなければ、「子どもを育てるのは、そんなもの」と、同じように殴ってしまう。そういうことが起こってしまうわけです。

　「絶対に親のような育て方をしない」と決意をしたとしても、体罰以外の具体的なしつけの方法を知らなければ、子どもが泣きわめいた時などに、いらついてしまい、つい殴ってしまうかもしれません。そして殴ったことを後悔し、子育てに自信を無くし、「やっぱり自分はダメなんだ」と自暴自棄に暴力を繰り返すようになってしまうことも考えられます。

　ですから、どこかで知識という「介入」が行われなければなりません。そういう意味で学校や妊娠中などに時間を十分にとって、虐待予防を意識した学習が行われるべきだと思うのです。

愛着の形成について

　知っておくべき子育てに関する知識で、第一にあげられるのが愛着の形成です。赤ちゃんの「泣き」に、周囲の大人がしっかり対処していくことが、赤ちゃんに愛着が形成されるための基本であるということと、愛着が形成されない場合、愛着障がい[28]と言って、自尊感情が持て

28）愛着障がい：天邪鬼（あまのじゃく）な反応をする反応性愛着障害と、だれかれ構わず密着していく脱抑制型対人交流障害に分類されますが、授業では「愛着障がい」としています。

ない、対人関係に困難を抱えてしまうなどのハンディキャップを抱えてしまうということを理解しておくことが目標です。

　高校家庭科の教科書にも、この愛着（アタッチメント）の形成が、いずれの出版社のものにも登場しますが、「特定の大人との交流によってアタッチメントが形成されます」などの簡単な説明ですので、もっと具体的な説明をしないと理解は深まりません。

　そこで次の内容をプリントを用いて解説していきます。

　○赤ちゃんは、泣いて不快さを表し、それをだれかに、快に変えてもらおうとする。その期待に周囲の大人が応えることによって、人に対する信頼が生まれ、愛着が形成される。

　○例えば、「お腹がすいたよ」と泣いたら、おっぱいをもらえる。「おむつがぬれて気持ち悪いよ」と泣いたら、おむつを替えてもらえる。「眠いのに眠れないから抱っこしてほしいよ」と泣いたら抱っこしてもらえる。「なんか寂しいから、かまってほしいよ」と泣いたら、あやしてもらえる。『自分が何かを訴えたら、周囲の大人は、何とかしてくれる』ということが、24 時間 365 日繰り返されることによって、人間に対する基本的な信頼感となり、特定の大人（父母や祖父母、保育士など）との間に愛着が形成される。

　○生後 1 年までが一番重要（2 年という説もある。“三つ子の魂百まで”ということわざは、ここからきているのかも）。抱きぐせがつくから抱っこしたらだめとか、かまい過ぎると自立心のない子に育つ、というのはうそ。目一杯抱っこして、かまってあげるのが良い。

　○例えば、父親が子どもを公園に連れて行く。愛着が形成されている子は、親の手を放して遊びに行ける。ところが、愛着が形成されていない

66

子は「今、この手を放して遊びに行ったら、お父さんは自分を置いてどこかに行ってしまうかもしれない」と、遊びに行けずにぐずぐずしてしまう。自立心の強さは、しっかり愛着が形成されてこそ、できあがるもの。

○愛着が形成されない場合、周囲の大人から、泣いても放ったらかし、抱っこもしない、かまってもやらない（つまりはネグレクト）などの虐待を受けた場合、愛着障がいと言って、人との関係性に問題を抱えてしまうことがある。

【愛着障がいの例】
・基本的な信頼の基盤ができていないので、成長して大人になってからも他人に対する信頼感が持てない。
・表面上の付き合いしかできない。心の交流のない性関係だけの関係を結んでしまう。
・自分がとても傷ついているので、人を傷つけることにも平気になってしまう。
・他人に対する警戒心が強く、甘えたいのに素直に甘えることができず、優しく接してくれているのに、どなって返してしまう。
・逆に警戒心がなく、初対面の人でもだれかれかまわず過剰に甘えたりする。
・反社会的な行動を起こしやすい。
・うつ病、アルコール依存をはじめとする依存症、解離性障害、自傷行為、自殺や自殺未遂など精神的な不安定さや疾病などを抱える。
　などのような例があげられる。虐待されたら、「皆がこうなる」ということではなく、例えばこういうこともあるということ。

○サイレントベビーと言って、泣かない赤ちゃんがいる。これは、いくら泣いても、だれもかまってくれないので、かまってもらうのをあきらめてしまって、泣かなくなってしまった状態。「うちの子は、全然泣か

虐待の予防のための子育ての知識と体験 ● 67

ないから、楽で良いわ」というのは、大間違い。

○また、生後１～２ヶ月ごろの赤ちゃんには新生児微笑といって、寝ている時に笑うことがある。これは単なる顔の神経の反射によるものと言われている。たまに起きている時にも笑うことがあり、その時に周囲の大人などが、「わあ～、かわいい。笑ってくれてる」と笑顔を返す。そのことで、赤ちゃんは笑顔の意味を知っていく。
　さらに赤ちゃんは３ヶ月ごろになると社会的微笑と言って、目の前の人と同じ表情を作る、顔をマネするということをしだす。
　大人が「うわあ～、かわいい」と笑いかける。すると赤ちゃんも笑う。かわいいから、また大人が笑う。さらに、かわいいからといろいろ話しかけ、かまう。そうすると、赤ちゃんも喃語で返すようになるので、さらに大人は話しかけるようになる。そうすると赤ちゃんの言葉の力が発達する。大人と赤ちゃんのコミュニケーションがどんどん増える…という好循環が生まれる。

○逆に、大人が笑いかけない。すると赤ちゃんも笑わない。笑わないとかわいらしくないので、大人は笑いかけず、話しかけもしない。赤ちゃんの言葉の力が蓄えられない。「うちの子、いっつもブスーっと黙ってて、うっとうしい子」となり、そのうっとうしい子が何か悪さをすると、腹立たしさしか起こらないので体罰がひどくなる、虐待になってしまう、という悪循環になってしまう。

○また、適切な養育であれば、７～10ヶ月ごろから１歳半くらいまでに人見知りがみられる。人見知りは特定の人との愛着が形成されている証拠である。ところが愛着が形成されないと、人見知りはない。「うちの子、人見知りなくて、楽でいいわ」も大間違い。

と、重要なところですので詳しく教えています。ポイントとなる語句をプリントに記入させて一息入れながら進めます。

　教員として知っておかなければいけない知識なのに、知らない人もいるのが「試し行動」です。児童養護施設の職員さんなどには、赴任した初期に伝達講習などがあると聞きます。

　愛着に障がいのある子どもが、新しい養育者や職員・教員に相対すると、幼児期〜小学校低学年ならば、指しゃぶりや夜尿など赤ちゃん返りをしたり、暴れたり、かみついたりといった行動が見られます。小学校高学年以上だと、わざと問題行動を起こして新しい養育者がどう出るか試します。「こんなことをしても、どならないのか、たたかないのか」「こんなことをしても、自分を見捨てないのか」と。

　「試し行動」だと知らなければ、「せっかく、〇〇さんのことを思ってやっているのに…」「▽▽はどうしようもないな…」とがっかりしたり、見放すことになってしまうかもしれません。大学の教職課程では教えているのでしょうか。

　また、虐待され傷つけられた子どもの脳は傷つきっぱなしかというと、『脳にも回復力がある』ことも友田明美氏は報告しています[29]。

　安全で安心できる良い環境や、癒される言葉かけ、ほめられたり、受け止められたり、人との温かな安心できる関係性が保たれるなどのことで回復していきます。もちろん重篤な場合、心理治療や薬物治療を受けることが必要です。「だから、君たちの中に、それって自分のことや！　と思う人が、もしいたら専門機関に相談に行くべきです。どうすればいいかは、個別に相談しましょう」とコメントしています。

29）友田明美『子どもの脳を傷つける親たち』NHK 出版新書 2017 年

次に、我が子を産んで、その欲求に応えてやろう、赤ちゃんに笑いかけてやろうとするのか、それとも、赤ちゃんの欲求に応えず、笑いかけない、という最初のボタンの掛け違いはどこで起こるのか、という問題が浮かび上がってきます。

　まず、考えられる要因に、望まない妊娠があります。次に産後のホルモンの変化による精神的な不安定さや、ストレスによる子どもへの共感性の低下などもあります。さらに産後のカンガルーケア（産後すぐに赤ちゃんを抱っこするなど）が適切に行われることも大事でしょう。

　ボタンの掛け違いが起こる前に、周囲の者が母親の状況に気づいてやれる社会的な体制と、母親だけに子育てを任せず、父親をはじめ、祖父母や保育者などの大人が赤ちゃんとの愛着を形成でき得るだけのかかわりをしっかり持つことで、補われることは十分にあるはずです。

　また、ジュディス・ハリス氏は『性格の形成には愛着の形成など乳幼児期における特定の大人（親）とのかかわりが大きく左右し、性格や行動特性の基盤を形成するが、保育園・幼稚園〜小学校〜中学校〜と成長の過程で、社会生活を送り、その中で自分の役割や自分の個性を見出し、他者との関係の中で、家で見せる顔とはまた別の顔を外では持ち、また社会の中での人との関係性が変化することによっても性格や行動特性は変化するもの』[30]と述べています。

　性格は変えられるし、行動も変えることができるという情報は希望ではないでしょうか。さらにダナ・サスキンド氏は『知性は伸びると

---

30) J・R・ハリス『子育ての大誤解』ハヤカワ文庫 2017 年

教わったマイノリティの生徒（介入群）は、そう教わらなかった生徒（対照群）に比べて学期の成績の平均点が高く、人種間の成績格差も介入群では対照群よりも40%小さくなった』[31]と言っており、親が「お前は親に似て頭が悪い」と言って育てるのと、「お父ちゃんは成績は悪かったけど、お前は努力ができる子やから、絶対に伸びるで」と言ってやるのと、どちらが良いかは明白です。

「自分のこのダメな性格は直らない」と思っている生徒もいるので、この情報は是非、強調して伝えておきたいところです。

成長・発達に関する知識

子どもの成長と発達に関して、例えば1歳〜1歳6ヶ月ころになると、コップからコップへ水を移す、机のものを下に落とすことができる、ティッシュペーパーを引き出すことができる。これらは発達のひとつの指標となりますが、見方が違えば親を困らせるいたずらです。「できるようになった」ととらえるか、「いたずら」ととらえるか。発達の指標になると知っていればストレスにはならないことも、知らなければストレスになります。

その中でも特に虐待と関連性が高い時期や事象、つまりは生後すぐから1〜2ヶ月ごろまでと、1歳前後の夜泣き、人見知り、探索期の子どもの行動、2〜3歳ころのイヤイヤ期について、授業では次のように詳細を解説します。

31）ダナ・サスキンド『3000万語の格差』明石書店 2018年

虐待の予防のための子育ての知識と体験 ● 71

【生後～2ヶ月ごろ】

　生後から見られる赤ちゃんの昼夜逆転も2～3ヶ月になれば、徐々に夜間の授乳間隔をあけることで夜に寝てくれるようになる。また赤ちゃんの昼夜逆転は、赤ちゃんがお母さんのお腹にいる時、お母さんが活動している昼間は休んで、夜お母さんが休んだら活動しだす。その習慣が生後しばらく続くので昼夜逆転してしまう。だから昼夜逆転することが当たり前なので、初めから2ヶ月ごろまでは夜に起きるものと思って構えて、昼間にいかに眠るか工夫した方がよい。

【1歳前後】

　このころは、乳児から幼児へ、赤ちゃんから子どもへと成長する時期（探索期）。自分一人で歩きだし、いろんなものを手にとっては、口に入れて確認するという行為がある。まだ食べ物とそうでない物の区別はついておらず、でも手足の自由度は格段に成長しているという厄介な時期でもある。何でも手に取って、口に入れるのは手と口の脳での領域が大きくて敏感だから仕方のないこと。赤ちゃんがハイハイしだすと、手の届くところにタバコ、化粧品、包丁などを置かない。ベランダや窓の横に台になるものを置かない、風呂の残り湯はすぐに捨てるなど危険への注意配慮が必要になってくる。

　さらに人見知りが6～8ヶ月ごろから始まる。知らない人を見たり、抱っこしようとすると大泣きする。人に預けるのも一苦労という大変な時期。ただ人見知りは特定の大人と愛着が形成されている証拠でもあるので、大変だけれども「成長のあかし」と思って人見知りしなくなる時期を待つこと。徐々に泣き方もマシになってくる。

　また10ヶ月～1歳くらいに夜泣きがひどくなるということもある。夜泣きは昼間の記憶を思い出して泣いているだけ。夜泣きする時期は昼間に怖い思いをさせたり、刺激のあることなどは避けよう。例えば怖い顔した知らないおじさんに抱っこさせたり、犬に近づいたり。どうしても夜泣きで泣きやまない時は屋外に出て夢からしっかり目覚めさせてや

ると泣きやませやすい。夜泣きもだんだんなくなっていくから大丈夫。

【2～3歳ごろのイヤイヤ期】

　2歳ごろから始まるイヤイヤ期というのがある。昔は第一次反抗期などと言って反抗してると考えられていたが、反抗しているのではなくて、単に自己主張したいお年ごろなだけ。何でもかんでも「いやっ」て言う。「ごはん食べようね」と言うと「いや」。「お腹すいてないの？」と聞くと「いや」。「食べなかったら、大きくなれないよ？」「いや」と何でも「いや」。君たちにも、無性に親に反抗したくなる時期、中2とか高1とか少し前にあったはず。そんな子どもも4歳ころになると、脳の機能が発達して我慢するということが少しずつできるようになってきて治まってくる。

　イヤイヤ期にはあらかじめダメなことを教えておいたり、「泣きやむまでお話聞かないよ」と冷静に話しかけ、泣きやむのを待って、ゆっくり話したりと、言葉でのコミュニケーションがこの時期にはできるので、親が冷静で、子どもを落ち着かせるスキル（タイムアウト：そこにじっと座っていようね、などと指示して、できたらほめて、その後にどうするべきかたずねて考えさせる）などを学習しておけば、ストレスなく対応していくことは可能。

　ただし、この時期は脳の機能として我慢することは無理（しかも男の子には衝動性が高いという説もあり）とわかっていても、「うるさい！」「もう、何で言うこと聞かれへんの！」といらつくこともあるかも。その時は親自身が「深呼吸して、10数える」という落ち着くためのスキルを実行し、一旦落ち着くこと。でも、無理となったら、公的機関に頼りましょう。いいアドバイスや、一時保育など使えるものは使ってみること。

虐待の予防のための子育ての知識と体験　●　73

と説明します。このように次第に夜眠れるようになる、泣かなくなるなどの先の見通しが知識としてあることで、ストレスが軽減され、虐待とならないことを期待して、授業をしています。

また、今の生徒は少子化なので、実物の1歳以下の赤ちゃんを抱いたことがないという生徒が2014年の調査では（図5）のように400人中で男子22人、女子28人いました。

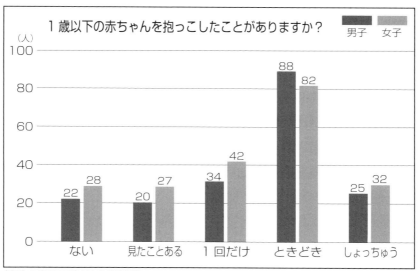

〈図5〉1歳以下の乳児との接触体験

さらに生まれたてのほやほやの赤ちゃんは見たことがないという人はもっと多くいることでしょう。助産師さんから生まれたての赤ちゃんを見たお母さんが「こんなかわいくない赤ちゃんいやだ」と言って泣いたという話を聞いたことがあります。実物を知らない人にしてみれば、赤ちゃんのイメージは紙おむつのコマーシャルによく出てくる、

32)「児童虐待予防学習の実践報告」『第65回近畿高等学校家庭科教育研究会紀要』2014年8月

7～12ヶ月ごろの一番かわいい盛りの赤ちゃんでしょう。ですから生まれたての顔が赤黒くて脂肪のない、ぽちゃぽちゃしていない赤ちゃんを見ると「かわいくない！」となるのも仕方のないことかもしれません。

　ですから授業では生まれたてから、1歳ころまでどのように成長していくかを写真や動画で見せる必要があります。DVDも見せますが、絵本『あかちゃんてね』[33]では、その成長ぶりを比較してよく理解できるように作られているので、この絵本を生徒の人数分購入して、次のようなプリントを作って成長についての知識を整理しています。かっこ内に絵本を見ながら答えを入れます。

絵本"あかちゃんてね"を読んで
・生まれて1時間の赤ちゃんは、顔の色が（①赤い）。
・1週間の赤ちゃんは、（②黒くて大きい）へその緒がついている。
・1ヶ月の赤ちゃんは、体全体がちょっとふっくらしてきた。
・2ヶ月の赤ちゃんは、（③あやすと）喜ぶ。
・3ヶ月の赤ちゃんは、（④指しゃぶり）をよくする。
・4ヶ月の赤ちゃんは、まだ（⑤歯）がない。
・5ヶ月の赤ちゃんは、スプーンで（⑥離乳食）を食べ始める。
・6ヶ月の赤ちゃんは、自分一人で（⑦おすわり）ができる。
・7ヶ月の赤ちゃんは、（⑧歯）が生え出す。免疫が切れて感染症にかかることもある。
・8ヶ月の赤ちゃんは、（⑨はいはい）して、つかまり立ちができる。
・9ヶ月の赤ちゃんは、何でも口に入れる。
・10ヶ月の赤ちゃんは、ママしか一緒に寝ない。つまり人見知りをしだす。
・11ヶ月の赤ちゃんは、一人で（⑩歩く）。

33）星川ひろ子、星川治雄『あかちゃんてね』小学館 2005 年

・12ヶ月の赤ちゃんは、ものや人を（⑪指さす）。

☆生まれてから1年までの変化を見て、感じたことを書いてみてください。

　生徒の感想では、やはり「生まれたての赤ちゃんはかわいくない」「1年でこんなに大きくなるなんてびっくりした」「最初はこんなに小さいことがわかった」などの感想がありました。

共感性を養う

　親の共感性について小林美智子氏は『虐待する親の特徴として、子どもの身になって要求を聞き、適切に対処する能力（感情移入）が低いとされている。感情移入ができないと子どもの気持ちが分かりにくく、子どもへの共感が持てず、日々の育児の中で親のニーズが子どものニーズより優先されることになる』[34]という主旨の報告をしています。

　適切な養育には忍耐力・自制心、想像力・共感性などが必要です。その中でも小林氏の言うように共感性は非常に重要な要素です。そういった共感性を養うには、妊婦体験をはじめとする疑似体験が有効な策のひとつであろうと考えています。

34）小林美智子「母子保健と虐待発生予防」『母子保健情報』2005年

授業では妊婦体験を次のように行っています。

妊婦体験実習

【方法】妊婦体験用のおもり（リュックサックにおもりを入れると簡単
　に装着できる）を身体の前部に装着する。

【おもりをつけて行う動作】

①椅子に座って立つ。

②床に座って立ち上がる。

③床に寝てみる。仰向き、横向き、どちらが楽か。

④床のものを拾う。

⑤靴下をはく。

　以上を体験してから、それぞれ、スムーズにできたか、つらさの度
合いの比較なども含めた感想を記入します。

　男子生徒で「別に重くも何ともなかった」と体験しながら言う生徒
もいますが、そんな生徒には、教室を出て、階段をかけあしで昇り降
りするよう指示します。そうすると「ちょっと、しんどいな。下が見
えなくて怖い」とやっと言います。

　たいていは「妊婦さんが、こんなに大変とは知らなかった。今度から、
電車とかで見たら席を替わろう」「自分がこんな状態で、何ヶ月も過
ごすなんて、耐えられへん。お母さん偉大」「妻が妊娠したら、掃除
とか全部する」など、ほほえましい、頼もしい感想を書いてくれます。
妊婦の状態を体感するとともに、女性は母親となるつらさ大変さを知
り、男性は父親となる責任の重大性に気づき、家事・育児の前向きな
分担への意識を高めることにつながります。

　また、他者の状態を想像して配慮したり予見したりすることが苦手

虐待の予防のための子育ての知識と体験　● 77

な生徒も、こうやって一つひとつ体験することで、学び成長できると考えています。

　また、ICT の活用、アクティブ・ラーニングの学習はプリントや教科書で知識を受け入れる従来型の授業よりも、よく理解できるようです。

　また、発表やグループ討議の際、他者の意見を受け入れることで親の養育力に必要な、共感性を醸成することにも何より効果的ですし、知識の定着を目指すこの虐待予防学習では有効な学習の形態です。

　検索項目は次のようなものが考えられます。

　　○現在の離婚率、離婚の理由、非養育親から養育費は支払われているか。
　　○ひとり親世帯の年収、男女の収入格差。
　　○子どもの貧困率、絶対的貧困と相対的貧困の違い。
　　○日本の子どもへの貧困対策にはどのようなものがあるか。
　　　国、大阪府、堺市・和泉市など自分の住む地域について、調べる。
　　○子どもの貧困をなくすためには、どうしたらよいか。
　　○虐待の加害者（の内訳）の割合。
　　○虐待の種類の構成割合。
　　○死亡事例の子どもの月齢・年齢の割合。
　　○被害者の子どもの月齢・年齢の割合。
　　○児童虐待の要因は何か。
　　○虐待の予防には、どんな取り組みがされているか。

　Wi-Fi 環境が整っていれば、タブレットなどを活用して、各単元の導入部分でこの作業を行うという手法も有効です。ただし授業時間とネット環境の都合で、上記にあげた項目をすべてできるわけではあり

ません。しかし生徒が取り組みやすく学習効果が高いことから、時間の許す限り実施したい授業です。

また、ロールプレイも共感性の醸成には有効です。説明・見本・ロールプレイ・振り返りを10～15分程度でできるので、可能な限り取り入れて行いたいものです。

親子の会話のロールプレイの例を次にあげておきます。

親子の会話　例1

パターン1

母：グズグズしてないでさっさと宿題しなさい。

子：今しようと思ってたのに…。

母：いっつも言いわけばっかし。言われる前にしたらどう！

子：もう、うるさいなあ！

パターン2

母：宿題はいつするの？

子：今しようと思ってたとこ。

母：そう。えらいなあ。
　　宿題を家に帰ってすぐにしたら、ゲームしていい約束やったね。

子：うん、すぐに宿題やる！

という親子のちょっとした言葉遣いで、悪い方悪い方へ状況が流れて行ってしまうパターンと、親も子もストレスなく良い状況になるパターンを教えています。

このロールプレイの教材を提示すると、「うちの家、いっつも最初の方や」という生徒が必ずいます。

私もパターン1で育った方で、嫌だなと思いながらしかられていました。我が子にはパターン1はやめておこう！と心に誓っていたので

虐待の予防のための子育ての知識と体験 ● 79

すが、ついついパターン1の親になっていて、反省する日々が現在進行中です。よーくわかっていても、これですから、わかっていなければ、当然、パターン1になってしまいがちです。

　共感性を育てることは非常に困難なことですが、共感性のない親子関係で育った生徒にも、こういったことを一つひとつ紹介することで、学んでほしいと思って授業しています。

　次は、共感性を養う目標にも合っており、さらに最近の携帯・スマホを扱う時の親の態度があまりにもひどいので、スマホを使用する際の悪影響について実感してほしいという目的もあって行っているロールプレイです。子どもがそばにいるのに親はスマホに夢中。せっかく子どもと二人でいるのに会話していない。「この先、男の子なんか高校生とかになったら話しかけても返事もしてくれなくなるよ、今だけよ、しっかり会話できるの」と説教したくなるような光景をあちこちで見かけてしまいます。『3分の1の親が、子どもと遊んでいる時にスマホを操作したことがある』とラジオ（2018年4月）で報道していましたが、3分の1で済んでいるでしょうか。

　「お母さん、お父さん、スマホから手を放して、子どもとしっかり話しよう」と声を大にして言いたい。ちょっとした何気ない言葉のやり取りが大事なのにと思うのですが、今の状況はあまりにもひどく「それで大丈夫なの！？」という使い方なので、ぜひ普及させたいロールプレイです。両親学級などでできないでしょうか。

　授業ではまず、教員が2人1組もしくは、生徒でノリの良い生徒を指名して教員とで見本を見せます。見本はすべてのセリフを言って、親役はスマホを触って話す時には、いかにも上の空という感じでやって見せます。次に2人1組の組み合わせを指示します。教員が「〇〇

君と◎◎君でペア」といちいち指示しないと、最近はなかなかペアになってくれません。あぶれる生徒が出ても知らん顔、あぶれた本人も知らん顔で、せずじまいに終わってしまうことになります。次に「まず、父親役をどちらが先にするか決めてください」と指示します。「では、一つ目。子ども役の人、セリフ言って。お父さん役、携帯触りながら、しゃべって」。「次、お父さん役は、子ども役の人の目を見てしゃべって」。「はい、役割交替、お父さん役と子ども役を交替」と行っていきます。会話は次の文をプリントで用意して行います。

親子の会話　例2

パターン1
　子：『お父さん、今日テストで100点とってん』
　父：携帯を触りながら『そうかあ、よかったなあ。がんばったなあ』

パターン2
　子：『お父さん、今日テストで100点とってん』
　父：子どもの方を向いてアイコンタクトしながら『そうかあ、よかったなあ。がんばったなあ』

　生徒の感想は「子どもと話する時は、スマホしたらあかん」「スマホは良くないと思った」「スマホを見ながら話されたら気分悪かった」と感想を見る限り一応目標は達成されたようです。しかし子どもができた時、実際にスマホを手放せるか、まだまだ疑問です。

　特に「授乳している間の時間が結構ひま」と、スマホをいじるお母さんが多いと聞いたことがあります。動物は授乳を早く済ませないと、他の動物に襲われるから一気に済ませる。ところが人間の赤ちゃんは授乳中、時々休みながら母親の顔を見上げ、目と目を合わせてコミュ

虐待の予防のための子育ての知識と体験　● 81

ニケーションをとるものだそうです。赤ちゃんがお母さんを見あげて
も、お母さんはスマホに夢中。

　これらを良い養育状態と言えるでしょうか。ネグレクトと呼ぶ人も
いるかもしれません。

　また子どもへの言葉かけの重要さについてはダナ・サスキンド氏は
『子どもへの言葉かけの多い少ないによって、子どもの学力・成績、
ストレスに対する強さ、自己制御などに大きな差が出る』[35]と述べてい
ます。

　言葉のかけ方については『まず、子どもと同じ目線の高さになって、
今、まわりにある物について話す。赤ちゃん言葉で。ナレーションす
るように。子どものしていることに反応して、そのことについて話す。
できれば抱っこして、子どもが言葉と温かさの両方を吸収できるよう
に。開かれた質問（どうやって？　なぜ？）をして、子どもの答えを
待ちながら会話をする』こと。さらに『スマホやパソコン、テレビ、
DVD など電子機器を切る』ことと述べています。

　また、自制心、言い換えると自己制御を身につけさせるのも親の役
目です。その時どうしても「○○しなさい！」「○○してはダメ！」
となりがちですが、ここでは『支配的に命令するのではなく「自分が
決めたもの」と感じるように提案と促しによって子どもの行動を方向
づけてやる』。例えば「おもちゃを片付けて、今すぐ！」ではなく、「遊
び終わったね、さあ、おもちゃをどうすればいいかな？」と問いかけ
てやることなど、非常に示唆に富んだ報告をしています。しかもお金
を使わなくてできることです。そして今すぐにでもできることです。

35）ダナ・サスキンド『3000 万語の格差』明石書店 2018 年

82

この支配的ではない、提案と促しによる子どもへの行動の導きは、ぜひロールプレイのひとつとして加えたいものです。

幼児教育の是非についてはいろいろな意見がありますし、「これは大丈夫かな？」「子どもが疲れないかな」「教育的虐待でしょ！」というようなものもあります。ただここで紹介した親が子どもに共感的にたくさん話しかけることなどによって共感性や自制心、意欲などの能力を伸ばし、結果として学習能力や生きる力などが向上することに異論のある人はいないでしょう。

子どもの将来を考えると、ぜひとも実行したいものです。

また、お母さん、お父さん、やはりスマホは手からはなしましょう。そして子どもの方を向いて話しましょう。

子どもの遊び・ゲームについて

遊びは子どもの成長・発達にとって非常に重要な要素となります。インベーダーゲームが登場してから約40年、TVゲームに日本はおろか世界の人の脳と時間が侵食されています。これを良しとして受け入れ、そのさまざまな影響を進化の過程の中での変化と受け入れるならば、放っておいても良いのでしょう。しかし今までのような人と人とのコミュニケーション力などが、やはり必要だと考えるならば、ゲームへの対抗手段が必要です。またWHOではゲーム依存を2018年に疾病であると認定しました。

その予防ができるのは親しかいません。ゲームやスマホ、パソコン・DVDなどを制限なしに使用させるのは、その悪影響を考えると、ネグレクトにも近い、不適切な養育と言ってよいでしょう。制限なしで

虐待の予防のための子育ての知識と体験 ● 83

ゲームをさせることで、昼夜逆転になり、不登校になって学校を辞める、大人になっても治らなくて仕事も辞める、つまり生活を破壊する要因となるものだからです。

　それを見過ごしにせず適切に制約を加えルール作りしてやるのは、親として当然の役目です。

　日本小児科学会のパンフレットより、引用してプリント教材にしています。（　　）内は私の加筆です。

【乳幼児のビデオ・テレビの視聴についての提言】日本小児科学会

①２歳までは TV・ビデオ・（スマホ）は見せない。

② TV・ビデオは視聴時間を決めて。１日に１時間までが限度。

③授乳中、食事中の使用はやめる。（母親が授乳中に携帯をいじるのもダメ）

④子ども部屋には TV・ゲーム・（パソコン）を置かないこと。

⑤ TV ゲームは６歳以下にはさせないこと。脳の発達に大きな影響がでる。（海馬や感情を司る部分がフリーズしてしまい成長しなくなる）

⑥小学生以上であっても、TV ゲームは１日３０分まで。

　大人が制限できる環境で使用のルールを決めておくことが、何より重要です。幼いころから、ゲームや TV の時間を決めて習慣づけておくと、大きくなってからも、「生活に支障がでるくらいに際限なくゲームしてしまう」というようなことが避けられるでしょう。

　また、大人がしてもよいゲーム・アプリを選択することも重要です。ゲームの中でも残虐な人を殺すようなゲームを幼児にさせることは避けたいものです。

　また、これらは受け身の一方通行のコミュニケーションなので、幼いころから TV やビデオ、スマホに子守させていると、コミュニケー

ションが苦手な大人になってしまうということも考えられます。

　また、中室牧子氏は TV の視聴やゲームの是非については、『1 日 1 時間くらいまでならテレビもゲームも問題ない。2 時間以上だと学習時間などへの負の影響が大きくなる』と述べています。[36]

　30 分を限度とするか、1 時間を限度とするかは、その親が子どもの状態から判断すれば良いことで、大事なことは制限時間のルールを決めて、子どもが自らルールを守ることができるよう親が手伝うということです。

　しつけの中で 30 分なら 30 分と決める。次にその約束を破った時のペナルティを子どもと一緒に決める。例えば 30 分を超えて 50 分遊んでしまったら、「明日は何分遊べる？」「10 分」「正解！　ちゃんと引き算できたね。明日は時間を守ろうね」などというやり取りや、時間の超過を 3 回したら 3 日間ゲームなしとか、ゲームを取り上げるなどのルールも子どもと一緒に決めておきます。

　また、ゲームをし始める最初から使用時間に関するルール決めをしておくことも重要です。多くの時間を費やすようになってから、言い出しても遅いのです。

　「今、親から急に、今日からゲームは 30 分、って言われて、実行できそう？」と聞きますと「無理無理！」と生徒は言います。

　「何歳くらいから、時間のルールを決めた方が良さそう？」「小学校から」「いや、もっと小っちゃいころ」「ゲームする最初からの方が良いんと違う？」と、だれかから答えが返ってくるまで、やり取りしながら待ちます。

36）中室牧子『「学力」の経済学』ディスカヴァー・トゥエンティワン 2015 年

その間、自分で考えるという作業を一つはさむことで、記憶の定着に違いが出てくれないかと期待して、大事なところにはひと手間かけています。

　また、ルールを守りやすいよう親がゲーム機などを管理することも重要です。ゲーム機やソフトは親が保管し子どもが使う時に渡す、時間をしっかり見ておくなどが重要であると生徒には教えます。

　共働きで親が帰宅するまでの間、「友達が来るから、どうしてもゲームしたい」ということもあるでしょうが、時間の管理が子ども自身でできるようになるまでは勝手にさせない方が良いでしょう。小学校4年か5年くらいまでは親の管理が必要なのではないでしょうか。なお、高学年になっても親の目を光らせておくことは必要だと思います。

　また、どういう人がゲームにはまり込んで依存と呼ばれてしまうほどになるのかというと、幼いころに自然の中で野性的な遊びを経験していない人がゲームの世界にはまり込むと正高信男氏[37]が報告しています。『「野生のもの」と接している限り、子どもはさほどコンピュータゲームに魅了されない。コンピュータゲームに熱中するのは、彼らが育ってきた環境に「野生」が欠落していることと無関係ではない』『父親は子どもに自然の荒々しさや野性を与える存在、自然・闇・野性の提供者たるべきである』と指摘しています。

　現実の世界の面白さを知っていたら、ゲームで遊ぶことはしても、はまり込むことはないということです。

　だれが野性的な遊びを子どもに提供できるかというと父親や男性的な母親、男性もしくは男性的な保育士・教員などでしょう。

37）正高信男『父親力──母子密着型子育てからの脱出』中公新書 2002 年

数年前のことです。生徒に「君たちが親になったら、子どもと一緒に自然の中でしっかり野性的な遊びをしてやろう」と言うと、「何して遊んだら良いかわからん」「親と遊んだことないから、どうして良いかわからん」と返ってきました。私の配慮のなさから生徒を傷つけてしまうことになってしまいました。

　ただ今の子どもたちの自然体験のなさは想像以上です。以前、校外学習でちょっとした山登りを企画したら「山登りは初めて」という生徒がクラスの４分の３いました。水泳部員で「海に行ったことがない」という生徒は何人もいました。

　ですから、ここ数年は最初から「例えば、虫取りや木登り、自転車で遠出、海や川で遊ぶ、山登りなど、自然の中でいろんな野性的なことを子どもと一緒に楽しもう」と例をあげて伝えています。

子どもの遊び・発達との関係

　また、子どもの遊びと虐待の予防に何か関係あるのかというと、次のようなことがあります。

子どもの遊びの発達（仲間遊びの種類）は
０～１歳：一人遊び　　１～２歳：傍観遊び　　２～３歳：並行遊び
３～４歳：連合遊び　　５歳ごろ～：協同遊び

と家庭科の教科書にあります。つまり、他の子どもと一緒に遊ぶようになるのは、３歳以降です。一人で遊ぶ→見ているだけ→同じ遊びはするが一緒に遊ばない→一緒に遊びだして（砂場で同じことをする

など）→協力して遊べるようになる（砂場で協同でトンネル掘るなど）と、遊び方も成長していくわけです。

　ですから3歳までの子を公園に連れて行っても「他のだれとも遊ばない」と心配する必要や、「せっかく連れて行ったのに」と怒る必要はないということです。

　ただ、これらの知識も知らなければ「せっかく他の子と遊ばせてやろうと公園に連れて行ったのに、何で遊ばないんだ」と怒ってしまい、暴言や暴力へ移行することもあるでしょう。授業で教えることで虐待の芽を一つひとつ摘んでおきたいと思い、これらのことを解説しています。

　また、授業の中では、お勧めの遊びも紹介しています。ごっこ遊びは、だれかの役になりきって遊ぶことで、人の気持ちを推し量り共感性を育てることにつながります。

　尾木直樹氏は『ほんまでっかTV（2018年2月21日放送）』で「国語が苦手な人はいじめっ子になりやすい。相手の気持ちがわからなくて理解できない人は被害者の気持ちになれなくて、とてもひどいいじめになってしまう。幼児期に読解能力や作文能力をつけるには『ごっこ遊び』が良い」と言っています。また、絵本やけん玉などの古典的な遊びについても、次のように授業で教えています。

　「絵本は心の栄養。親や周りの大人が絵本を読んでやることで、子どもの感覚は刺激されて成長する。ビデオやTVでは代用できない。心の栄養だから、たっぷり、ほしがるだけ与えてあげよう。ただし、本人の好きな本を。本にも好き嫌いがあるから、それを尊重してやろう。嫌がるのに無理やり読む必要はないし、一度嫌がったからと言って読まなくなってしまわないように。子どもにも読んでほしい時もあ

るし、読んでほしくない時もある。食欲がある時、ない時いろいろあるのと同じ。毎日『絵本読んであげようか』と声掛けしてやろう。ひざの上でゆっくりと」と説明しています。ちなみに怖い話や冒険談などは、男性の声で読んだ方が子どもは集中して聞くという説もあります。

また、古典的な遊びも次のように紹介しています。

子どもの発達に有効な遊び
・外遊び（ケンケン、鬼ごっこなど）・・・運動能力、協調性
・折り紙・・・手先の器用さ、空間認知力
・けん玉、お手玉、コマ回し、ビー玉・・・集中力

以上の例をあげることで、「そう言えばゲーム以外にもこんな遊びがあったな」と生徒が思い出すことを手伝い、「ゲーム以外の遊びを十分に楽しめる環境を大人は準備してやりたい」と説明します。

さらに遊びについて、次のような質問をプリントでします。

---

①自分の子ども時代（3歳くらいから小学校高学年くらいまで）で、
　1番好きだった遊びは何ですか。
　2番目に好きだった遊びは何ですか。
②自分に子どもができたら、どんな遊びを一緒にしてやりますか。

ここでは、親としての役割として、子どもと一緒に遊び育むことの大切さを伝えたいと思っています。

ただ、プリントの記入には②の子どもと遊ぶ内容を「海とか山とか川に、いっぱい連れて行ってやりたい」というようなものもあれば、「一緒にゲームを買いに行く」というようなものもあり、本当にゲーム以外した記憶がないのだなという生徒も多くいますし、親と一緒に遊ん

虐待の予防のための子育ての知識と体験 ● 89

だ記憶がないという生徒も多くいます。

　2018年現在の高校生が小学生のころの親の状況はというと、景気が悪くて、派遣で働く人も多く、正社員ではサービス残業も当たり前という時期でした。そういう時間的・精神的・経済的余裕のなさの影響もあるかもしれません。今後日本の景気が悪くなろうがどうなろうが、「中学生以下の子どもがいる親は、すべて子ども優先で」という社会でなければならないと思うのですが…。

　「せめて」と思い、生徒には「仕事ももちろん大事だけど、子どもを育てること以上に大事なことはこの世にない。だから子どもができたら、すべて子ども優先で考えよう。もし君が上司になったら、部下に子ども優先で動けと言ってやれる上司になろう」と伝えています。

　また、私立の幼稚園で「月曜は英会話、火曜は算数、水曜はピアノ」と学習やお稽古事を組み込んで時間を割いているところがあります。将来の学習効果は本当にあるのでしょうか。のびのびと夢中になって遊びに集中できる環境こそが、子どものさまざまな可能性を伸ばせると思うのですが。さらに「さあ、今からドッジボールするよ」「今日はお絵かきしよう」と人（先生）が設定してやることは遊びであって遊びではありません。自分で今日は何をして遊ぼうかと考え、人を集め、道具をそろえて、場所を確保して遊ぶ。そういう行動が子どもの社会性や自主性などさまざまな能力を発達させると思うのですが、いかがでしょうか。

　そういう意味で、最近、大阪では園庭のない保育園が増えてきたとよく聞きますが、それでいいのでしょうか。保育園の量的な確保は急務ですが、「質の確保」を考えるべき時期にきています。同時進行で急ぐべき課題です。

第3章

貧困と孤立

貧困の背景

　貧困は虐待の背景にどんな形で存在しているのでしょうか。

　私たちが貧困を考える時、一般的に「母子家庭でも一人前に働けば、何とかなるのでは」と思ってしまっているところはないでしょうか。私自身が男性と同じ給料を大阪府からもらっている立場ですので、つい忘れがちになっているのが、男女の給与格差と雇用形態の格差です。

　厚生労働省の調査[38]によりますと、母子世帯の就労状況調査では

就労している：80.6%

　うち正規職員：39.4%

　うち自営業：2.6%

　うちパート・アルバイト等：47.3%

平均世帯年収：291万円

平均年間就労収入：181万円

　となっています。

　約80%の人が就労しているにもかかわらず、平均年間就労収入が181万円、月に15万円となっており、働いていても収入は少なく、母子で生活するとなると非常に困難であることがわかります。

　次の（図6）のグラフ[39]でも、正規雇用・非正規雇用・それぞれの男女について収入に歴然とした差があることがわかります。

38）厚生労働省　雇用均等・児童家庭福祉課　母子家庭等自立支援室『平成23年度全国母子世帯等調査結果報告』2012年

39）総務省統計局「正規、非正規の職員・従業員の仕事からの年間収入階級別割合（2017年）『労働力調査平成29年平均』」平成30年2月16日

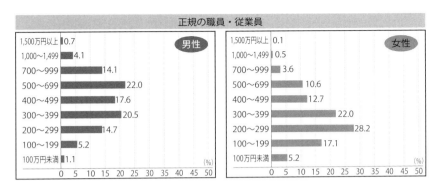

〈図6〉正規、非正規の職員・従業員の仕事からの年間収入階級別割合（2017年）

　また、父子世帯になったことを契機に転職した父の割合は24.0%（同厚労省資料）で、家事や子どものケアなど困難は多々あるでしょうが、経済的な問題として平均年間就労収入は360万円となっており困難かと言えば困難ですが女性よりはるかに多く、収入の男女差は倍となっています。

　次の平成27年の統計情報[40]でも、25歳から34歳の不本意非正規雇

40）厚生労働省「『非正規雇用』の現状と課題」平成28年

貧困と孤立 ● 93

用率は26.5％と、いまだに全く改善されていない状況がわかります。少子化だから子どもを「産めよ増やせよ」と言われても、こんな経済状況で「結婚して子どもを2人か3人作ろう！」という気になれるのか。親になったとしても、非正規雇用で、かつ9時から5時だけの就労状態で食べていけるのか、子どもを養えるのかというと、困難でしょう。昼間と夜のパート・アルバイトの掛け持ちをせざるを得ない状態で、その間だれもいなくて、子どもだけで留守番させる時間ができてしまっても、どうしようもない。虐待対応件数が、現在増加の一途をたどっているのは、ここにも一因があるのではないでしょうか。

　親となることが非常に厳しい状態が、新卒の時に就職の氷河期と言われていた、今の子育て世代には続いています。既卒者支援の制度はありますが、この一番苦しい世代の救済にはなっていないことは、現在の非正規雇用率を（表2）で見れば明らかです。

○正社員として働く機会がなく、非正規雇用で働いている者（不本意非正規）の割合は、非正規雇用労働者全体の16.9％（平成27年平均）となっています。

	人数(万人)	割合(%)
全　体	315	16.9
15〜24歳	28	12.8
25〜34歳	71	26.5
35〜44歳	67	17.9
45〜54歳	62	16.9
55〜64歳	64	16.6
65歳以上	22	8.8

〈表2〉非正規雇用の現状　平成27年度調査

せめて休日には、ゆったりと子どもと遊ぶということができない限り、父性も母性も子どものために発揮できません。

　また、山野良一氏[41]によると、『母親の収入が199万円以下の場合、就労時間は325分、育児時間は61分。育児時間が最も多く145分とれているのは、就労時間が278分で、収入は800～999万円の高額所得世帯』となっており、就労における格差が養育環境の格差に反映されてしまっている現状がわかります。

　さらに『(貧困の要因は) 親たちでなく、政府や社会の責任の方が重い。税金や社会保険料などの負担の問題 (引く) と、児童手当や児童扶養手当などの現金給付 (足す) の問題で、税引き前の収入額では日本の子どもたちは、先進16ヶ国中最も低い貧困率になっていて貧困が一見目立たない一つの要因になっている』(税引き後の子どもの貧困率は16ヶ国中6番目) という政府の施策によって貧困でなかった子どもまでもが貧困に陥ってしまっている日本の現状について述べています。

　さらに離婚後などの「寡婦」としての支援策はありますが、特に未婚のひとり親 (母親) 対策に政策の不備が多いのが現状です。「妊娠中に相手に逃げられた」「妊娠中にDV加害の相手から逃げた」など主体的な理由ではなく、仕方なしに未婚のまま母親になった人も多く、支援策が急がれます。

　また昨今、生活保護バッシングや「貧困はその人間に能力がないからだ」という自己責任論が横行し、当事者を苦しめ傷つけています。貧困を教える中で、貧困に陥る仕組みやその意味を知ることで、「お

41) 山野良一『子どもに貧困を押しつける日本』光文社新書 2014年 p.54、p.61-63

金がないことは恥ずかしいことではない」「貧困は決して親だけの責任ではない、男女の収入格差であったり、日本の政府の政策であったりするのだ。今の政府がどのような政策を展開しているのか、しっかり見る必要がある」と理解しておくことは重要です。そうすることで、仮に貧困に陥った場合でも自尊心を失うことなく過ごせるのではないか、それが虐待の予防につながっていくのではないかと考え、しっかり貧困の意味を教える必要があると思っています。

　子育ては個人の問題や家庭だけの問題ではなく、社会の問題であるという共通認識が、今の日本に欠けているように思われます。

　保育園の建設を「うるさいから」と反対する人の意見が通ってしまう世の中です。すべての人が適切な養育をするためにも、既卒者への施策の拡充やひとり親への支援策の拡充など政府・自治体への声を大にするとともに、そういったことへの税金の投入が喜ばしいものと受け止められるような教育をしていきたいと考えています。

支援・制度の使い方

　次は、厚生労働省の調査で母子世帯の福祉関係の公的制度等の利用状況の調査において[42]『制度を知らなかった』割合です。
○養育費相談支援センター：58.3％
○母子福祉資金：67.8％
○夜間養護事業：57.6％
○自立支援教育訓練給付金：46.3％

---

42)「平成28年度　全国ひとり親世帯等調査結果」厚生労働省子ども家庭局家庭福祉課母子家庭等自立支援室 2017年

○家庭生活支援員の派遣：54.3%

　など、いずれも高率で「知らなかった」となっています。

　父子家庭の利用状況では、家庭生活支援員の派遣について、利用したことがあるのは2.2％だけで、利用したことがないのは97.8％、うち制度を知らなかったのは43.7％と、祖父母との同居でない限り必要であろうと予測されるような支援でも、利用されていないことが多いようです。

　また、似たような名称が並び、何が自分に必要なものかを判断して選択しづらいことは事実です。授業では次のように教えています。

　「困った時は、とりあえず市役所の福祉課に行ってみよう。市によって名称が違うので、子どもに関係する名前か福祉って名前の付くところに行って、そこで、どこに行けばよいかを相談すれば何とかなる。何とかならない場合はネットで調べてから、もう一度市役所に行ってみること。ただし、親切で、よく勉強している役所の人なら、受けられる支援や制度のことをその人に合わせて全部教えてくれるけど、そうでない人だと、こちらから言わないと教えてくれないことがあるかもしれないから、自分でしっかり支援や制度について調べて勉強することも大切なこと」

　など制度の調べ方や使い方など、知らないと困ってしまう情報なども伝えておきます。

　知識として、正確なことは覚えていなくても、必要になった時に「そう言えば…」と思い出して調べてみるということにつながればと思っています。

　さらに男子生徒には「母子家庭は日本全国で123.8万世帯、父子家

庭も 22.3 万世帯あることを考えると、自分自身が父子家庭の父親と
して、子どもの面倒を見ないといけなくなると想定して、しっかり授
業を受けてね」などと話しています。

貧困の意味の変遷

　現代の貧困と 1960 年代以前の貧困には違いがあります。昔は皆が
貧しく、お互いの助け合いが地域で機能していました。隣の家にお米
を借りに行ったり、カラー TV を見せてもらいに近所の家に行ったり
は当たり前だったように私も記憶しています。

　ところが、日本人は 1970 年の高度成長期からバブルの時代、一億
総中流時代などと言って、浮かれた時を経て、今、お金がないことは
隠さなければならない、恥ずかしいことのように思われるようになっ
てしまっています。お金がないことは恥ずかしいことでもなんでもな
いのに、です。

　また、社会的経済的流動性（貧困層から富裕層へ仲間入りする機会
の可能性のこと）がアメリカでは下がっているという情報[43]もあります。
貧困の固定化です。

　日本ではどうでしょうか。

　私の幼いころ、勉強は嫌いでも運動能力や体力があって、運動会で
はスターという生徒がいました。

　ところが、今は体力がどこで養われるかというと、自然発生的な運
動の場はもはやなく、スイミングスクールやサッカーチームなどお金

---

43) NHK テレビ　『ダイアモンド博士の"ヒトの秘密"』第 12 回「格差を乗り越えて」2018 年 3 月 23 日放
送

のかかるところです。お金がなければ体力を養うこともできないわけです。そういったところで体力や運動能力を養った子どもが、学校での部活動でも活躍することになります。

体力を養えなかった子どもが成長し、就労した際には「体力が続かずに退職」ということが起こり、そこで、さらに貧困が固定化されてしまうという憂慮すべき事態も現実にあります。

また親の養育力には子どものために家事を遂行しようという意志とともに家事に関する知識、さらに家事を遂行できる時間的・体力的な余裕も必要です。そういった家事力が低ければ、ファストフードやインスタント食品、コンビニ弁当などの利用率が高くなってしまいます。つまりカロリーだけが高く、たんぱく質やミネラル・ビタミンの含有量が低いという食品を摂取しがちになってしまい、成長期の子どもに必要な栄養素を摂取できずに筋力や運動能力・体力が低下してしまうということも起こります。

さらに朝ごはんをしっかり食べる習慣がないと、午前中の学習に集中できず成績が低下するなど、収入につながるさまざまな能力の低下につながってしまうという負のスパイラルが起きてしまいます。

現在の日本において、正しい食生活を家庭科の授業で教えることの重要性がますます高まっていることはまちがいないでしょう。

さらに、食生活や運動を家庭だけの責任とせずに、社会として責任をもって、子どもの食生活・運動・健康が保障されなければなりません。ひとり親家庭や子どもの貧困対策がもっと工夫され、推進されるよう、社会や政治に働きかける必要性を生徒に問いかけることも、教員である私にできることのひとつ、責任のひとつと思っています。

貧困と孤立 ● 99

貧困と虐待との関連

　母親がひとり親として家計を担う場合の他に、人はどういった場合に貧困に陥るかと生徒に問うと、「病気になって働けない」「事故で体が不自由になって働けない」などの答えはすぐに返ってきます。

　「他には？」と聞いてもなかなか出てきませんが、たまに「会社が倒産した」「リストラにあった」と答える生徒がいます。身近なところで思い当たることがあったのでしょうか。「そう。倒産して働く場所が無くなったとか、リストラにあったとか。そもそも正社員で働いてないとか。つまりは、リストラされたとか、正社員になってないということは、会社からいらないって言われた、就職試験に不合格だった、正式には採用されなかったってこと。それって、すごく傷つけられたことだと思わない？」と話していきます。「ただし、リストラは他の会社に行っても通用する人が、自ら手をあげたりするものだったりすることもあるけどね」とリストラされた親を持つ生徒がいた場合のために付け加えて言っています。

　貧困と虐待との関連について次のようにプリントでまとめています。

44）西澤　哲「虐待をしてしまう親の心理〜理解とその対応〜」児童虐待防止協会　特別セミナー資料
　　2011 年 10 月 29 日

郵便はがき

101-8796

537

料金受取人払郵便

神田局
承認

8080

差出有効期間
2020年1月
31日まで

切手を貼らずに
お出し下さい。

【 受 取 人 】

東京都千代田区外神田6-9-5

株式会社 **明石書店** 読者通信係 行

お買い上げ、ありがとうございました。
今後の出版物の参考といたしたく、ご記入、ご投函いただければ幸いに存じます。

ふりがな		年齢	性別
お名前			

ご住所 〒　　　-

TEL　　　(　　　)	FAX　　　(　　　)
メールアドレス	ご職業（または学校名）

*図書目録のご希望	*ジャンル別などのご案内（不定期）のご希望
□ある	□ある：ジャンル（　　　　　　　　　　）
□ない	□ない

書籍のタイトル

◆本書を何でお知りになりましたか？
　□新聞・雑誌の広告…掲載紙誌名[　　　　　　　　　　　　　　　　　　　]
　□書評・紹介記事……掲載紙誌名[　　　　　　　　　　　　　　　　　　　]
　□店頭で　　□知人のすすめ　　□弊社からの案内　　□弊社ホームページ
　□ネット書店 [　　　　　　　　] □その他[　　　　　　　　　　　　]
◆本書についてのご意見・ご感想
　■定　　　　価　　　□安い（満足）　　□ほどほど　　□高い（不満）
　■カバーデザイン　　□良い　　　　　　□ふつう　　　□悪い・ふさわしくない
　■内　　　容　　　　□良い　　　　　　□ふつう　　　□期待はずれ
　■その他お気づきの点、ご質問、ご感想など、ご自由にお書き下さい。

◆本書をお買い上げの書店
　[　　　　　　　　市・区・町・村　　　　　　　書店　　　　　　店]
◆今後どのような書籍をお望みですか？
　今関心をお持ちのテーマ・人・ジャンル、また翻訳希望の本など、何でもお書き下さい。

◆ご購読紙　(1)朝日　(2)読売　(3)毎日　(4)日経　(5)その他[　　　　　新聞]
◆定期ご購読の雑誌 [　　　　　　　　　　　　　　　　　　　　　　　]

ご協力ありがとうございました。
ご意見などを弊社ホームページなどでご紹介させていただくことがあります。　□諾　□否

◆ご 注 文 書◆ このハガキで弊社刊行物をご注文いただけます。
　□ご指定の書店でお受取り……下欄に書店名と所在地域、わかれば電話番号をご記入下さい。
　□代金引換郵便にてお受取り…送料＋手数料として300円かかります（表記ご住所宛のみ）。

書名		
		冊

書名		
		冊

ご指定の書店・支店名	書店の所在地域	
	都・道 府・県	市・区 町・村
	書店の電話番号　　（　　　　　）	

①単純に、お金のないストレスを子どもにぶつけてしまう。

②気持ちや時間に余裕のないことから、ネグレクトも起きやすい。

③リストラや正職員として採用されないことにより、社会から自分自身を否定されていると感じ、自尊心が傷つく。そこで自分より弱い子どもを支配することで、自尊心が保たれる。それは気分の良いことなので、やめられないで重篤な虐待となっていく。

④お金がないことから人間関係が希薄になり、孤立化に直結しやすい。孤立のストレスはとても大きいから、子どもにはね返ってしまう。

と説明します。

中でも、親の傷つき体験が重篤な虐待につながってしまうことは大きな問題です。西澤哲氏がその講演で、『親が社会の中で傷つけられた心を、子どもを支配することで癒す』など、親の心理を解説しています。

次に具体的な事例で説明しています。

「子どもが、食べこぼしをした。食べこぼしをするようなヤツは、ご飯を食べるな。ずっとそこで正座してろと指示して、子どもが泣きながら正座していると、自分の言うことに子どもが従っていることで満足する。いつも自分は社会の中では、人から嫌な気分にさせられてばかりいるけれど、子どもに自分の言うことに従わせると気分がいい。

また、子どもがオシッコをもらした。そしたら、冬なのに裸にして水をかけて外に放り出す。子どもが、お父さん寒いよって泣いて頼む。いつもは社会の中で、人に頼んで、頭を下げるばかりなのに、子どもには頭を下げさせている。これも気分がいい。

気分がいいからやめられない。で、どんどんエスカレートしてしまう」

また対策について、西澤哲氏はNHKのTV番組『もしも明日』の解説の中で『親の世代のストレスを子どもの世代に影響させないことが大事です』と解説しています。

生徒には次のようにまとめて解説します。

〇自分のストレスは自分で解消できるすべを持とう。
〇ストレスを子どもに向けない覚悟ができてから、親になろう。
〇つまり、経済的にも精神的にも〝大人〟になってから、親になろう。
〇もし、自分がストレスのあまり、子どもにつらく当たってしまったらこの授業を思い出して。その時はすぐに子どもに謝って、二度としないと心に誓おう。

孤立との関連

現代の日本では、お金がないことが人間関係の希薄化、孤立化につながっているということも生徒が理解しておく必要があります。

例えば「今、携帯が止められたって想像してみて」と問いますと、「絶対、無理！　バイト先も友達も連絡でけへん！」と、いずれのクラスでも異口同音で言います。携帯は命綱です。

「高校生やったら、学校で会えるけど、卒業してから、携帯なしで連絡できる？」「無理無理！」「つまり今の世の中って、携帯代がなければ友達とも縁が切れてしまう世の中。お金がないと人との縁も切れてしまう」

　　「今日、カラオケ行こうって、友達から誘われたけど、お金がないから断る。先輩から飲みに誘われたけど、お金がないから行けない。

　　例えば岡山のおじさんが亡くなってお葬式の連絡が来たけど、香典とか交通費で2万いる。行きたいけど、その日は、出張が入ってと、うそついて行かないことにする。

　　東京のいとこの結婚式に呼ばれたけど、お祝いや交通費で5〜6万いる。これもうそついて欠席する。

　　お金がないと、そうやって親戚付き合いも友達付き合いも疎遠になってしまうということ」

　　「お金がなくても、友達付き合いはもちろん、親戚付き合いや近所付き合いをマメにすること。関係が切れないように、うまくしておこう」

と伝えていきます。

　そこで生徒に教えておきたいのが、経済的な予備知識と共に、就労に関する権利やセイフティネットに関する知識です。

貧困と孤立 ● 103

①母子家庭の年収平均、女性の経済的自立意識

②正規就労と非正規就労の生涯賃金・年金の違い

③正しい所得計算：「夏休みなどに月に16万稼げたから、アルバイトでも結構稼げる」と安易にフリーターを選択すると、年収からの控除で、所得税や住民税、社会保険、年金など拠出すべきものが多くあること

④非正規就労者の正規就労への移行比率：一旦、非正規雇用となると、なかなか正規雇用での就職は難しくなってしまうこと

⑤就労に関する権利、労働災害保険、雇用保険、ブラック企業・パワハラなどの相談場所

⑥生活保護の受給の仕方・支給額

⑦困った時の相談場所

　などについてインターネットで自ら調べさせたり、大阪府立西成高等学校著『反貧困学習 ― 格差の連鎖を断つために』から、セイフティネットに関する資料を参考にして教材を作成しています。

　貧困に関して、教育で貧困そのものを予防できるかというと、苦しい戦いです。ただ高校の教員としてできることは資格取得を奨励し、適切な進路指導をする。それから最大限の努力をして高校卒業の資格を取得させるということです。

　「ご飯はだれも作ってくれないから自分で何とかしてるけど、食べないことも多い」「食べてないってどういうこと？」という生徒や「朝、だれも起こしてくれないし、バイトは夜の10時までやってる。寝るのは1時か2時。だからつい寝坊してしまう」と結局、欠課時数が多

45）大阪府立西成高等学校『反貧困学習――格差の連鎖を断つために』解放出版社 2009 年

くなってしまい進級できないという生徒は多くいます。親元を出て自分一人で生活している生徒も中にはいます。高校教員にできることは、そういった生徒を何とかして学校に来させ卒業させることです。「高校の卒業資格が大きなセイフティネットとなる」こと、「貧困を連鎖させない」ということを考えると責任は重大です。

孤立の意味

この本を読んでくださっているあなたは、孤立したことがありますか。

仕事で嫌なことがあっても、愚痴を言う相手がだれもいない。

買い物に出かける時、いつも一人だから「わあ〜、かわいい！」ってはしゃげない。

外食するにも、一人だから行きたいお店でも行く勇気がない。

子育てで困っていても、相談する相手がだれもいない。

急な病気の時、だれも助けてくれない。子どもがいても、急には預けられない。頼れる人がだれもいない。

いくつかあげましたが、もっと困ること、さみしく感じてしまうことはたくさんあるでしょう。孤立ほど心身ともに人を疲弊させるものはありません。孤立していない時には、何とも思っていないようなささいなことが、孤立すると急に大きな壁となって立ちはだかるということもあります。

「SNSがあって、そこで発信できるし共有もできる」と今どきの人は言いますが、本当にそれで心は健全に保たれているのでしょうか。

親の心の疲弊・ストレスによって、共感性が低下し、子どもへの養

貧困と孤立 ● 105

育力が低下することを友田明美氏は[46]『下前頭回という共感性にかかわっているところの働きが、養育ストレスが高い人ほど弱いことがわかってきました。養育者にとって、共感する気持ち、表情を見て他者の気持ちを読み取る、情動的な共感性の能力、これが子育てには必要です。〜中略〜しかも、うつ病になる前にこの能力が落ちてくる。下前頭回はストレスが高く、抑うつ気分が高い人ほど働きが落ちることがわかっています。特にママ友がいないなどの社会的な孤立と脳が関連していることもわかってきています』と説明しています。

　言葉を話せない赤ちゃんがなぜ泣いているのか、おっぱいなのか、おむつなのか、抱っこなのか、最初はわからなくても、1〜2ヶ月したら「何となく、わかる」という母親は多いものです。これが共感性です。また、子どもが何かですねている時、「あ、すねてるな」と感じて、子どもの話を聞いてやったり、ご飯食べたくないと駄々をこねている時、「ご飯を食べたくないんじゃなくて、何か他のことで、訴えたいことがあるんだな」と気づいてやったり、ということが子育てには必要です。ところが孤立によるストレスで脳の機能が低下し、子どもの心に寄り添ってやれないと、子どもは親に強く訴える必要が生じるので、さらに駄々をこねたり、キーキー泣いたりして、余計にストレスのかかる状態になってしまいます。

　こういったことを父親となる男子生徒に、あらかじめ教えておくことで、将来の妻（母親）が脳の機能が低下するくらいのストレスにさらされた時、家事・育児を十分に分担し、話をよくよく聞いてあげたり、相談できるところを一緒に探してあげたりなど、うまく対処でき

46）「公開講座『子ども虐待と脳科学』」『子どもの虹情報センター紀要』15号 p.11-25 2017年

るのではないでしょうか。

　脳の機能が低下するくらいのストレスにさらされている当事者が、ストレスが強すぎることを自覚して支援を公的機関に求めたり、医療機関にかかったりということは、自発的には無理なのではないかと予測されます。ですから「男性の方を仕込んでおこう！」ということです。また、女子生徒には子どもを育てる中で「こういうことも起こる」ということがあらかじめ想定されていると、当事者になった時、自分の状況や原因に気づきやすいのではないかと、効果を期待しています。

　次にどんな人が、孤立感を持つのでしょうか。
○一人で子育てしている。
○就労しておらず、人付き合いが限定される。
○夫はいるけど、何もしてくれない。家事・育児も手伝ってくれない。話も聞いてくれない。
○親（祖父母）はいない、いても遠方か疎遠。
○親・舅姑（祖父母）は近くにいるけど、頼れない。子どもを預かってもらおうとすると、何かと文句を言われる。昔の子育ての方法を押し付けてくる。自分の子育てを批判される。
○友人がいない。元々、社交的な性格ではない。
○結婚して地元から遠く離れて暮らしている。近所に顔見知りの母親はいるけど、ママ友と言えるほど親しくない。アドレスなどの交換などもしていない。

　以上のように、最初からだれもいない孤立も当然ストレスになりますが、いるのに役に立たないとか、助けにならず自分を傷つけてくるという場合も孤立感を強く感じ、ストレスはより大きくなってしまうのではないでしょうか。もともといない方がよほどましで、夫がいる

貧困と孤立 ● 107

のに子育ての苦労に理解がなく、協力もないとなると不満は増大し、いらいらが募り憎しみさえわいてくるのは当然の感情です。子育てに苦労はつきものです。でも、それを理解してもらえないつらさがストレスとなり虐待の要因となってしまいます。

　また、今の高校生たちを見ていて心配なのは、人間関係が希薄になってきていることです。

　休み時間や昼休み、教室では話し声はするけれども、ほぼ全員スマホを手にしています。スマホでゲームやLINEをしながら、しゃべっている生徒もいます。

　話の内容はというと、楽しい話や授業や教師の不満などなど。深刻な悩みや相談したいことは、"裏サイト"でぶちまけ、現実にいるクラスの友人には、重い暗い話はしない。

　そうやって育った人間が、母親・父親となった時、見ず知らずの土地で初対面から始まって人間関係を築き、子育ての苦労などを語り合える友人を得ることができるのかというと疑問です。

　授業では次のように教えています。

○専業主婦として、子どもを育てる場合、現在の保育制度では、3
〜4歳から幼稚園となることが多い。

入園までの3年間、夫は仕事ばっかりで、母親一人で助けもなく、
相談相手もなく、少子化で近くに同年代の子どもを持つ母親もおらず、
たった一人で部屋に閉じこもり子どもを育てることを「母子カプセル状
態」という。こういった状況の場合、非常につらく困難でストレスが大
きい。

○ある程度の年齢まで仕事をしていた女性が専業主婦になると、就労し
ないで社会とのつながりが希薄になり、社会的・経済的に不安定な立場
になること自体がストレスになる。また、そんな立場に自分を追い込ん
だ、夫や子どもを憎んでしまうような場合も中にはある。

専業主婦であると、「ひまで良いな」などと思われやすいが、非常に
ストレスの大きい状況であることを男性も女性も理解しておく必要があ
る。

○現代のように少子化できょうだいも少なく、近くの公園にも同年代の
子どもがあまりいない状況での子育ては、子どもの発達にとって、非常
に良くない環境となる。同年代の子どもと毎日のように交流して初めて、
健全な発達が可能となる。

少子化で近くの公園にだれもいない状況では1歳ごろから保育園に
通った子どもの方が、運動・社会性・協調性等々の面で健全に発達でき
るだろう。「3歳までは母親が家にいて子育てした方が、子どもの発達
には良い」という『3歳児神話』はあらゆる研究で否定されている。

○孤立によるストレスが脳の機能を阻害し、子どもへの共感性などが低
下してしまって、うまく子育てができなくなる。

○だから、母親（妻）が就労することを、父親（夫）は妨げないように。
妻が働くことを応援し、家事・育児を半分受け持つくらいの心意気でしっ
かり行うこと。

貧困と孤立 ● 109

生徒は親になることをもっと甘く見ていますが、ようやくこの授業で、その大変さと責任の重さを感じることができるようです。

支援の届け方

　そこで重要なのは、助けられた経験のない人が、人に助けを求めることができるのかということです。

　虐待によって、愛着に障がいがあったり、発達に障がいを生じている場合に、適切な支援を適切に受け取ることができるのかというと心配です。人間関係が苦手で、人見知り、自尊感情を養ってもらえていないので積極的に人に働きかけられないという状況も考えられます。

　さらに、「どうせだれも助けてくれない。今までもだれも助けてくれなかった」というような心情があったりすると、今の養育環境の困難さを改善するために、自ら動くということができないこともあるでしょう。

　こういうハンディキャップを背負い、しかも支援が一番必要な人が、うまく支援とつながるのかというと疑問です。

　「うまくつながらないかもしれない」という前提で、当然、児童相談所や児童福祉課の皆さんは働いていることでしょう。ところが私たち教員には、そこまでの意識や知識・経験はないことが多いのが実情です。

　現在、高校家庭科の教科書では虐待についての支援や公的機関の利用について掲載され、授業で教えることになっていますが「人に助けを求めることに困難さを持つ生徒がいる」という前提で教えなければいけないということです。

単に「困ったら、利用しよう」では済まない人がいるという認識に基づいて、「人に助けを求める」という行為が、自分が生きていくうえで必要なことを繰り返し伝えます。

　場合によっては必要な生徒に対し、ソーシャル・スキル・トレーニングの一環として、助けを求めなければこなせない課題を課すことを日常的に行い、支援するということも必要でしょう。

　また「生育歴の振り返り」や愛着障がいの例をあげて説明する授業で、「だから自分は人に頼るのが下手なんだ」と、被虐待経験のある生徒が自覚の持てる授業ができれば、虐待の予防学習が成立します。

　児童養護施設に暮らす生徒が卒業する時、「いつでも、学校に遊びにおいで」と言います。でも私もいつかは転勤・退職して、そこにはいなくなる。携帯の連絡先は教えます。つながり続ける子もいれば、連絡不能になってしまう子もいます。

　だから、携帯の番号は絶対に変えません。卒業する時には、携帯と住所を記載した名刺を渡しておきます。

　施設でも、そうでしょう。「何かあったら、すぐに相談においで」と職員の皆さんは言うはずです。でも頼りにしていた職員の人もいつまでも、その施設にいるわけではないことも、彼らは知っています。仕事として自分に対応していたことも知っています。

　卒業してから、どこに住むのか…などと話していた時、「友達もいるけど…」と、ぽつっと語った彼の、そのどうしようもない孤独感と不安げな様子を忘れられません。

　現在、18歳以降の支援が自治体やNPO法人などでも進められてきています。しかし、まだまだ資金不足で充実にはいたらないと聞きます。公的な資金を十分に使い、追跡調査してまでも支援に引っ張り込

むくらいの勢いでできないものでしょうか。

第4章

母親の
心身の状況

産後うつ

産褥期においてホルモンのアンバランスや睡眠不足、慣れない育児などに端を発する『産後うつは10人中1.35人に発生する』と渡辺久子氏が報告しています。[47]

「うつ傾向」といった通院せず、診断されない人はもっと多くいると言われています。

さらに、産後の妻の精神状態によって、夫婦の関係性が難しくなることは、NHKスペシャル『ママたちが非常事態!?』でも、ホルモンの作用によって攻撃性が高まり、夫にその攻撃が向けられると説明されています。

産後のマタニティブルーズ、それが3ヶ月以上続き、産後うつと診断され、いらいら、うつうつとした妻の相手を夫がしきれずに、時に攻撃的になる妻とけんかが絶えなくなり、離婚となってしまい、貧困が始まる。その中で虐待は深刻化するというケースがあります。

母親の心身の状況については、当事者となる女性自身が知識にもとづいて自覚的に対処できることが最善ですが、男性が十分な知識を持っており、妻をいたわり、話をよく聞き、通院が必要と判断したり、妻に服薬を勧めたりできることが、ことの重篤化を防ぐと考えて授業を行っています。

産後クライシスなどと言われているこの時期の大変さを特に男子生

47）渡辺久子「虐待と関係性の世界──むき合い、ふりかえり、気づきあう」『子どもの虐待とネグレクト』15-2, p.121-129　日本子ども虐待防止学会　2013年

徒には、しっかりと認識してほしいと思っています。

離婚の危機

　夫婦の離婚の時期について、離婚時の末子の年齢階級別状況を厚生労働省が平成 24 年に報告しています[48]。

母子世帯となった時の末子の平均年齢：4.7 歳

生別世帯の平均年齢：4.5 歳

0 ～ 2 歳：生別　35.1%

3 ～ 5 歳：生別　20.9%

6 ～ 8 歳：生別　11.5%

9 ～ 17 歳：生別　16.0%

　となっており、0 ～ 2 歳での離婚が非常に多いことがわかります。ちなみに父子世帯の末子の年齢は 6.2 歳となっており、母子世帯よりも 1.5 歳高くなっています。

　子どもが 0 ～ 1 歳くらいの間、つまり子育てが一番忙しく、また疲労度の強い時期、ホルモンの作用によって、母親が父親に対して攻撃的になることに加えて、いかに夫の家事・育児への積極的な関心と関与がなされるかが離婚するかしないかの分かれ目になると考えても良いでしょう。現在、母子家庭・父子家庭は平成 17 年あたりから、増加はしていませんが、夫婦と未婚の子のみの世帯が日本全体で 1474.4 万世帯に対して、ひとり親と未婚の子のみの世帯が 364 万世帯となっ

48）厚生労働省　雇用均等・児童家庭福祉課母子家庭等自立支援室「平成 23 年度全国母子世帯等調査結果報告」2012 年

母親の心身の状況　● 115

ており、約20％がひとり親世帯という高水準になっています[49]。

〈図7〉母子父子世帯数推移

　ひとり親家庭、特に母親が養育を引き受ける場合の経済的な状況や父性母性の保障などを考えると、「離婚を防ぐ」という観点もあってよいのではと考えています。
　「好きだけでは、結婚できないよ。経済的にちゃんとやっていけるかどうか、しっかり判断することも大事だし、あと生活の仕方、例えばごはんのおかずは1品だけとか3品以上とか家によって違うし、掃除機かけるのは週に1回とか毎日とか違うし、それは家庭ごとに違っていいんだけど、結婚して夫か妻のどちらかが、どちらかに合わせることになって、合わせた方が不満を持つようになる。生活のいろいろが一致してたら問題ないけど、あまりにも違い過ぎると、それで離婚

49) 厚生労働省子ども家庭局家庭福祉課母子家庭等自立支援室「平成28年度　母子家庭の母及び父子家庭の父の自立支援策の実施状況」厚生労働省平成29年12月28日

してしまうの」と言いますと「そんな理由で離婚するの！？」とびっくりします。

「浮気も離婚の大きな原因だけど、性格の不一致が離婚の理由で一番やからね。日常のささいなことのすれ違いが原因だったりするよ。あと、離婚した後、養育費を払わん父親の多いこと。男子は離婚することになってしまったら、そこはちゃんと払おうって覚えといて。それから、お互いに大人として、子どもにたいする影響を最小限にする努力がいるよ。DVや虐待でない限り、片方の親に子どもを会わせないっていうのは、やめとこう」とDVD『ママたちが非常事態!?』で離婚の話が出た際に解説しています。

①出産後の家事はすべて、自分がするものと思っておくこと。間違っても「手伝おうか」とは言わないこと。「手伝う」は他人事の言葉。家事も育児も自分の責任の範ちゅうと思って。

②里帰り出産をアテにしないこと。妻が実家に里帰り出産しても、メールや電話はマメにしよう。一緒に育児していくという姿勢が大事。

③とにかく、妻の話を聞くこと。妻からの相談は相談ではない。話を聞いてほしいだけ。解決策を求めているのではないことを認識して。答えはいらないから。しっかり聞けばそれで良し。

④女性のホルモンバランスの変化は、普段はこんな感じ〜〜〜〜でも、出産後のこの時期はこんな感じ VVVV なので、急に泣き出したり、急に怒りだしたり、精神的にものすごく不安定なものだと思っておこう。

⑤もし、涙もろかったり、マイナス思考が強くなっていたり、疲労感をよく訴えるような不安定な状態が続くようなら、精神科の受診を勧めてみて。

と授業のプリントでまとめて教えています。

　こういった一連のことがらを説明するとクラスのだれかから「うわー、面倒くさっ！！」という反応が返ってきますので、すかさず「そう、産後の妻も面倒くさいし、親になるのって面倒くさいの。だから、よくよく覚悟を決めてから親になって」と言います。何度も何度も「面倒くさい」「親って大変」を繰り返し、ようやく身に染みてくるようです。

　また、産後のホルモンの影響やうつについては、「そうなる可能性がある」と知っていれば、心の準備もできるし、忘れていても「あ、これ。この状態、何か聞いたな」と思い出し、自分（妻）は健康な状態ではないこととして、対処できることを期待しています。

第5章

赤ちゃんの"泣き"と
揺さぶられ症候群

揺さぶられ症候群にいたる背景

　単に赤ちゃんが泣きやまないだけで、いらいらして揺さぶってしまうでしょうか。いらいらしてしまう何か背景があるはずです。

　寝不足、ホルモンバランスの乱れ、だれも手伝ってくれる人がいない、相談相手がいない、夫が子育てのつらさに理解がないなど必ず「赤ちゃんが泣きやまない」以外の何かストレスとなる要因を抱えているはずです。そういったストレスは何もないという人は、赤ちゃんが泣きやまなくて、いらいらしたとして途方に暮れるだけで、揺さぶって死なせてしまうことにはならないでしょう。

　ただし、『女性よりも男性の方が赤ちゃんの泣き声に対して不快に感じる傾向がある』という情報[50]もあります。ですから、男性の場合は、他にストレスを感じる背景がなくても、赤ちゃんの泣き声そのものがストレスになり、揺さぶってしまうということが考えられます。

　また、自身の親子関係で「泣いたら、いつもしかられていた」「泣いたら、泣くなと殴られていた」という人も、赤ちゃんが泣くと自身のつらい思い出がよみがえり、泣き声に対する許容度は低くなってしまうかもしれません。

　そういった背景があることを前提にこの揺さぶられ症候群については考えていきます。

　また、赤ちゃんの「泣き」が親を困らせるのは、親がなぜ泣いてい

50）高橋有里・桐田隆博「乳児の泣き声が父親・母親に及ぼす心理生理的影響」『電子情報通信学会技術研究報告 .HCS. ヒューマンコミュニケーション基礎』110. 383. p.7-12　2011 年

るか慣れていなくてわからないということと、昼夜逆転の状態で夜中に赤ちゃんはよく泣くということなど、虐待の予防を考えると生後すぐから2ヶ月くらいまでの対応策が重要となります。

　赤ちゃんがなぜ泣いているかについては、育てているうちに、次第に何が原因か経験や状況でわかるようになりますし、昼夜逆転現象も2〜3ヶ月ごろには、次第に夜の授乳時間の間隔をあけ、夜にしっかり眠る体制を作ることで解消していきます。

　また、この0〜2ヶ月という時期は、産後でホルモンバランスが大きく変化していてマタニティーブルーズや産後うつを発症しやすい時期とも重なります。そこに昼夜逆転による睡眠不足で正常な判断力を失いがちになり、さらに慣れないので育児そのものに疲れ果てているという時期と、重なるわけです。ですから0〜2ヶ月が子育ての中での一つの大きな山場となるのです。

　その後の、10ヶ月前後に多く見られる夜泣きや、イヤイヤ期と呼ばれる自己主張の激しくなる時期の泣きもありますが、言葉でのコミュニケーションができないこの時期が、やはり親として一番困難さを感じるのではないでしょうか。

赤ちゃんはなぜ泣くか

　「皆さん、赤ちゃんはなぜ泣くか。6つ答えてみてください」と質問すると、「オッパイ」「オムツ替えてほしい」と、ここまでは、すぐに出てきます。

　次に「抱っこしてほしい」これも、出てきますが、あと3つがなかなか出てきません。

「眠い、眠いのに眠れない」「暑い、寒い」「痛い、かゆい」とまで答えを言いますと「そんなん、絶対にわからんやん！」と生徒から返ってきます。

「そう。今、背中の服のタグが気持ち悪いから、服代えてって言ってくれたら、わかるけど、赤ちゃん、しゃべれる？　泣くだけやね。だから、困ってしまうの」と説明すると、ふんふんとうなずいています。

「オッパイ飲ませた。オムツも替えた。抱っこもしてる。でも、泣きやまない。それが、夜中に延々泣き続ける。寝不足でくたくた。そんな時、『うるさい。泣きやませろ。明日仕事早いねんっ！』て、夫がもし言ったとしたら、どう？」「それは、あかんやろ」と返してくれる生徒もいます。「でも、昼間仕事に出て疲れてたら、怒ってしまうかも」という正直な生徒もいます。

「で、いらいらしてきて、思わず揺さぶってしまう」という、赤ちゃんの泣きが揺さぶられ症候群を引き起こす状況の説明から始めています。

揺さぶられ症候群への対処[51]

赤ちゃんを揺さぶるという行動は、背景にストレスを抱える何かがあったり、突発的な要素のある行動ですが、具体的な予防の方法を知識として蓄えられたら防ぐことが可能なケースもあると思いますので、生徒に「また？」と言われるくらいに手を変え品を変え学習して

51）揺さぶられ症候群：SBS（Shaking Baby Syndrome）従来、揺さぶられ症候群と呼称されていましたが、揺さぶられるだけでなく、ベッドに叩きつけるなど揺さぶり以外の状態も含んだ方が、言葉による誤解が少ないということで、ここのところ虐待による頭部外傷 AHT = Abusive Head Trauma を使うことが多くなってきています。

いきます。

　泣きの理解の次は、親が揺さぶってしまう状況の理解のために、厚生労働省作成の広報啓発DVD『赤ちゃんが泣き止まない〜泣きへの対処と理解のために』を見せます。11分程度の映像でコンパクトにわかりやすく作られています。ただ、男性が怖い顔をして赤ちゃんを揺さぶるシーンがあるのですが、揺さぶる長さが少々長く感じられるので生徒の受け止め方が心配です。ですから人形を使った実習の時に数回の揺さぶりでも影響があることを確認します。

　合わせて解説として、日本小児科学会発行の『乳幼児揺さぶられ症候群防止パンフレット』から、どうしても泣きやまない時の対処としての行動をあげておきます。

　赤ちゃんが泣いたら
①オムツを替える。
②ゲップをさせながら、ゆっくり授乳する。
③寒すぎたり、暑すぎたりしないか、チェックをする。
④病気にかかっていないか、どこか痛いところがないか、チェックをする。
⑤抱っこしたり、おんぶをしたり、リズムを取りながら、ゆっくりと揺らす。
⑥お気に入りのタオルや毛布を持たせてあげる。
⑦歌を歌ってあげたり、音楽を聴かせる。
⑧抱っこやおんぶ、ベビーカーなどで、外を散歩する。
⑨車に乗せて、ドライブに出かける。
　などの対処をします。
　それでも、泣き続けるなら、ひと休みして深呼吸をして、10数える。

⑩柵付きのベビーベッドなど安全なこところに赤ちゃんを仰向きに寝かせ、部屋をいったん出て、赤ちゃんをひとりで泣かせておきましょう。ただし5〜10分おきに、呼吸状態を確認してください。
⑪心を落ち着けるために、親しい人に電話をかけてみましょう。
⑫かかりつけの小児科に電話してみましょう。どこか具合が悪いのかもしれません。

などの対処をすることを学習します。

ところが、どうしても泣きやまない。しかも寝不足でいらいらしている。「もうっ！　何で泣きやんでくれないの！！」と怒りが込み上げついカッとなって、怒りを赤ちゃんにぶつけてしまいそうな時、どうすればよいかを学習します。

怒りのコントロールにはいろいろ方法はありますが、生徒には覚えやすいようシンプルに"深呼吸"と"10数える"を教えます。説明に入る前に、「さあ、皆、深呼吸して…次に心の中で10数えて…」と実際にさせてみて、「何のこと？」ときょとんとしている生徒に対して、次のように説明していきます。

「君たちは、今、深呼吸できたね、10数えられたね、じゃあ何かでいらいらしてカッとなった時には、深呼吸して10数えて。人間って6秒間、間を置いたら落ち着けるものだから。
　それから実際に何かでカッとなった時に一度、深呼吸して10数えることを練習しておいて。練習しておくのと、聞いただけでは実際にカッとなった時の実行力が違ってくるから。本当に赤ちゃんを揺さぶってしまいそうな時に、ちゃんとできるように練習しておいて」

と教えます。深呼吸や10数えることはだれでもしたことがある行動なので、頭に入りやすく、知識の定着を確認するテストでも、85%の生徒が正解していました。

また、人は怒りを覚える時とはどういう時かというと、たいてい正義感によって怒っているものです。[52]「何で、こぼさないようにご飯を食べてくれないの！」と言ってご飯を食べさせない。「何で、だめって言ってるのに、スーパーでおやつを買ってってだだこねるの！」と言ってたたく。「私が寝ようと思っているのに、何で泣き叫ぶの！　なぜおとなしく寝てくれないの！」と揺さぶってしまう。これらの親が言っているのは正しいこと、正義です。でも行動は体罰・暴力で絶対にしてはいけないことです。

自分が悪いと思ってやっていたら、反省もし矛を収めるということもできるけれども、自分が正しいと思ってやっているので、反省できないし、矛を収めることもできないという、厄介な人の心理が潜んでいます。

生徒にはもう少しわかりやすく、説明していきます。

「掃除当番をさぼって帰ろうとするB君にA君が注意した。ところが、注意されたB君は、『うるさい！勝手やろ』と言う。それにA君は腹を立てて、ついB君を殴ってしまった。このA君正しい？　正義はある？」と質問します。たいていは「殴ったのは悪いけど、B君が悪いので、A君は正しい」との答えが多く返ってきます。「じゃあ、子どもを寝かしつけようと、ずっと抱っこしてあやしてる。でも寝てくれなくて、自分

---

52) 参考：安藤俊介『アンガーマネジメント入門』朝日新聞出版 2016年、篠真希・長縄文子『子どものアンガーマネジメント』合同出版 2015年

赤ちゃんの"泣き"と揺さぶられ症候群 ● 125

も眠くて疲れ果ててくたくた。夜中にアンアン泣いてるから夫を起こしてしまわないか、近所迷惑になってないか気も使う。で、つい腹が立って揺さぶってしまった。これって正しい？　正義？」とさらに質問しますと生徒は「そら、あかん」と答えます。「なんで？」「赤ちゃんは、なんも悪くない」とか「赤ちゃんは抵抗できない」などの答えが返ってきます。

「でも、同じ感情が心の中にはあるよね。自分の言ってることは正しい。正義だ。だから子どもが悪い。で、揺さぶってしまうということが起こってしまうの。言ってることは正しくても、殴ったらだめだし、もちろん揺さぶってもだめ。たとえ自分が正しくても、どんな時にも暴力は使ったらだめだということ。Ａ君もだめ」

　怒りのもとは、正しいこと・正義にあること、その中で暴力も正当化してしまう心理に気づいてほしいという目標で話しています。

　また、その中で赤ちゃんは、親には抵抗できない弱い存在であることを理解してくれることができれば、と思っています。

　揺さぶられ症候群のDVDを見せ、次の授業で、揺さぶられ症候群学習用の人形を使って実際に揺さぶって見せます。

　この人形は頭部も含め全体がスケルトン状態になっています。スイッチを入れると泣き声を出します。ずっと聞いているといらだつ気分が少しわかります。人形の脇を持ち、2秒間に5〜6回程度、前後に揺さぶります。脳が損傷すると、その部分を示すランプがつき、泣き声がやむと死亡したことを示します。

　私が見本を見せながら解説し、その後、希望者数人に体験させて、その場で感想を聞き皆で共有します。

　赤ちゃんが泣く→なぜ、泣いているかわからない→赤ちゃんが泣き

止まない→いらいらしてくる＋疲れている、眠い、家族や近所に気を遣う→さらにいらいらが増す→揺さぶってしまう　という心の流れも、実習しながら、確認します。

揺さぶられ症候群を実習中の男子生徒

DVDの中で男性が赤ちゃんを揺さぶるシーンがあるのですが、揺さぶっている時間が長く感じられます。ところが、実際に生徒、特に男子生徒が揺さぶってみると、ほんの一瞬、1～2度揺さぶっただけでランプがつき、泣き声がやむことがあります。

生徒もDVDの画像から、もっと長く揺さぶるとランプがつくと思っているようで、すぐにランプがつくと皆が『そんなくらいで、死ぬんだ』と、一瞬どよめきます。

代表で体験した生徒に感想を聞くと「ちょっと揺さぶっただけなのに、ランプがついたからびっくりした」「人形だけど、何か嫌な気持ちになった」などの感想があります。

DVDを見るだけでも学習効果はあるのですが、男性の力だと、ほんの数回揺さぶっただけで、脳が損傷する可能性があることは、しっかり強調しておきたいところです。

授業の最後に「私は毎回、この人形を揺さぶってみて、人形だけど嫌な気持ちになります。だって毎回、赤ちゃんを殺しているんだから。

今日の授業は皆が殺人者にならないための授業です。何をどうしたら殺してしまうのか、覚えましたね。親になるまで忘れないでください」とくぎを刺すように話しておきます。

　両親学級などでは、揺さぶられ症候群などの虐待に関する学習を取り入れている自治体や産院は少数派です。時間の問題もあるでしょうし、妊娠中に重い暗い話は胎教に悪いなどという考え方があるのかもしれません。しかしながら、学校教育で重い暗い虐待の予防学習を取りあげておくことで、重い暗い話に耐性ができてハードルが下がるかもしれません。

　「それ、高校でも何か、習ったような気がする。でも忘れたから、もう一度聞いておこう」とか「ああ、あの話ね。もう一回、念のために聞いておこう」とか。

　中学でも習って、高校でも習って、最後に妊娠中に復習を兼ねて母親も父親も勉強する。これくらいで、ちょうど良いのではと思うのですがいかがでしょうか。

第6章

子どもの側の問題

発達障がい

　「子どもの側の問題」と言っても、もともとは親の養育が問題だったり、結局は親の対応次第ということもありますが、子どもによっては、気難しい子や、育てにくい子もいたり、病気や障がいがあれば、当然、心配することや通院などに時間がかかることも多いでしょう。それがストレスとなってしまい虐待にいたるということもあります。

　そのストレスをどのようにすれば子どもに向けないで済むかということを親になる前に、あらかじめ考えておくことが予防につながると考えられます。

　障がいや疾病の中でも、発達障がいは他の障害と違って、生後すぐに診断されるわけではなく、成長に従って診断されるにいたり、また多くは診断されないまま、支援のチャンスを得られないまま、社会人となって困ったり苦しんだりリストラされる原因になったりします。

　最初から「〇〇という疾病です」と診断され、治療法が確立されているならば、ストレスはストレスでしょうが先の見通しや覚悟なども定まります。もちろん障がいの受容は容易ではありません。それでも、「障がいがあっても不幸ではない」という概念や、「障がいは人の心が作り出すもの」などの考えにいたり受容が進みます。

　ところが発達障がいは、必ず診断されるわけではありません。ですから余計ストレスになるわけです。

　まず、発達障がいのある子どもの乳幼児期の特性を学習します。

我が子に、次のような状態が見受けられたら、乳幼児の間ならば、まず保健所の保健師に相談して、そこから医師を紹介してもらうのが一番段取りが良いと伝えています。

○抱っこすると嫌がって泣いて身をよじる。
○何をしても激しく泣き続けるか、まったくと言っていいほど泣かない。
○視線が合わない。
○指差し行動がない。
○人見知りがない、または、とても激しい。
○食べ物の好き嫌いが激しい。
○嫌がって着ない服がある。
○よく迷子になる。

　などの特性と、人によって現れる特性はさまざまであることを教えておきます。さらに成長後の特徴を教えます。

自閉スペクトラム症の方には弱みがあります
○場の空気を読めない。
○以心伝心が通じない。
○好きなこと、納得したこと以外には、見向きもしない。
注意欠如・多動症の方には弱みがあります
○じっとしていることができず、授業中立ち歩いたり、大声を出したりする。
○忘れ物が多く、提出物が出せない。
○物事に飽きてしまいやすく、ルーチンワークはつらく感じる。

などです。

こういった知識があれば「はた」と子どもの状態に思い当たり、いら立ち焦燥感にさいなまれる日々を過ごさずに済み、さらに医師からの診断があれば「自分の育て方が悪いから」と悩んだり、姑や夫から「お前の育て方が悪いから」となじられたりする悲劇を防ぐことができ、その結果、虐待を防ぐことにつながります。

　また、自身の障がいを疑っている生徒が障がいを受容するためにも、また将来、子どもを専門機関にいち早く連れていくためにも、弱みだけでなく、強みも教えておきます。

自閉スペクトラム症の方には強みがあります
○好きなことへの集中力が高い。
○好きなことの知識が深く、幼いころは、電車博士・虫博士と呼ばれたりする。
○決められたルールはしっかり守る。
○ルーチンワークもこつこつ真面目に飽きずにできる。
注意欠如・多動症の方には強みがあります
○誰もしていない新しいことにも怖がらずにチャレンジできる。
○人の思いつかない発想力がある。
○決断が早く、思い切りが良い。
○出張や転勤などを嫌がらず楽しんでできる。

　などの強みと、発達障がいの特性を持った有名人、アインシュタインやエジソン、ビル・ゲイツ、スティーブ・ジョブズなどをあげて理解を促しています。

　ところが、発達に何らかの障がいがあっても軽微な場合、養育手帳や精神障がい者手帳の取得にはいたらないことも多く、その場合、公

的機関の支援はほぼ得られません。支援の網の隙間からこぼれ落ちてしまうわけです。

「成績に問題はなくてもコミュニケーションが苦手」とか、「コミュニケーションはできても、注意力がなく忘れ物や失敗が多い」などの場合、就労を継続できるか心配です。

「先の見通しがきかず、無謀な妊娠・出産をしてしまう」とか、「人に迷惑をかけてはいけませんと親から教えられたため、我が子にも一切人に何かしてもらってはダメ、と自分の養育をゆがんでとらえてしまう」などの子育てに関することも心配です。

そういった心配を解消するために、学校で何ができるかというと、生徒に自身の障がいに関する自覚を持たせることで何とかできることもあります。発達障がいについて勉強すると「自分もADHDかも」「オレ、ぜったい何かあるわ」と発言する生徒が時におり、生徒自身の特性の自覚へとつながることもあり、自分の弱みと強みを自覚することで解決することもあります。就職先などの適切な選択は自分の強みと弱みを理解できていなければできないことです。例をあげて説明する際、できるだけ詳細に例を出すと気づきやすいようです。

ただ自らの障がいを受容するのは簡単なことではありません。ですから、人には強みと弱みが皆それぞれあること。その凸凹の振り幅が大きいのが発達障がいとも言えること。障がいと言っても弱みが大きいなら、その分強みも大きいと説明しています。さらに困った時には支援機関にすぐに相談することと、自分のしていることが正しいか、人に聞いてみることなどを説明します。人によってはソーシャル・スキル・トレーニングを行い、人に助けを求めるスキルや自分の行動を振り返るスキルなどをトレーニングしておきます。これらをどこでで

子どもの側の問題 ● 133

きるのかというと学校です。そういった発達障がいのある生徒の将来
への責務は学校にあるという考えをもとに対応すべきでしょう。

睡眠の昼夜逆転

　次に子どもの側の問題として、親が最初に困るのが生後0〜2ヶ月
くらいに起こる睡眠の昼夜逆転です。「0〜2ヶ月くらいまでは昼夜
逆転するもの」という知識(NHKスペシャル『ママたちが非常事態！？』
のDVD視聴) によって、「生後すぐの赤ちゃんは夜、起きているもの」
と割り切ってしまえるので、乗り越える力になるものです。2〜3ヶ
月になれば昼夜逆転を解消し、夜に眠れるようになるという情報は先
の見通しが立ち、いらいらを抑えることにつながります。

　昼夜逆転を正す方法を羽山順子氏他が次のように報告しています。[53]
○生後1〜2ヶ月は、朝はできるだけ同じ時刻に目覚めさせる。
○真夜中の授乳とオムツ交換は照明を暗くしたまま短時間で済ませる。
○真夜中の授乳間隔は日中よりも長くする。
○毎回、同じ場所で眠らせる。
○添い寝をせず、一人で静かに眠れるようにする。

　その他に、
○朝、カーテンを開け、日差しが部屋に入ってくるようにする。
○午後9時までには、就寝できるよう準備する。

　というようなことも良いかもしれません。

　　通常、昼夜逆転を正すには生後1〜2ヶ月までかかり、3ヶ月以

---

53) 羽山順子ほか「新生児の母親に対する乳児の睡眠形成についての簡便な親教育」『行動医学研究』2010年

上かかるケースもあります。生徒には、まず、こういった知識を持たせます。

眠育

　睡眠に関しては、「正しい睡眠」が確保されないと、子どもの状態が悪くなります。
　例えば、
○体温が低く、ボーっとしていることが多い。
○グズグズぐずって、不機嫌なことが多い。
○食欲がない。
○根気が続かない。
○イライラしやすい。
○よくだだをこねる。
○暴力的になってしまう。
○集中力がない。
　など、親が困ってしまう子どもの状態の要因が間違った睡眠にあるかもしれないと考えたことはありますか。
　私は次に説明する「眠育」を知るまで、思ったこともありませんでした。
　正しい睡眠とは何か、三池輝久氏[54]の文献から引用して、次をプリントで教えます。

54）三池輝久『子どもの夜ふかし　脳への脅威』集英社新書 2014 年

> ①２歳までは、夜７時から朝７時までの間に、１０時間以上眠る。
>
> 　小学校低学年で９〜１０時間、高学年で８〜９時間、中学生以上でも７時間半以上。つまり、夜の９時までには、絶対に眠らせること。
>
> ②夕方以降、家の明かりは煌々（こうこう）とつけない。
>
> 　寝る前の２〜３時間は、TVやゲーム、携帯、パソコンは見ないようにする。光の刺激で眠りにくくなる。乳幼児（６歳以下）には絶対厳禁。
>
> ③日によって違う、入眠のバラツキを９０分以内にする。特に週末に注意。
>
> ④食事も一定の時間に摂る。特に朝食を一定時間に摂取することで体内時計が一定に保たれる。

　以上が基本的に知っておきたいことがらです。

　さらに眠育の根拠となる報告は

〇海馬は脳でも唯一、成人後も細胞分裂を繰り返す部分で、勉強など新しいことを記憶する領域。ところが睡眠時間が短い子どもは脳の海馬が小さい。

〇朝日を浴びると、脳内にセロトニンが分泌されて活動が活発になり、「概日リズム」が正常に働き、その15時間後にメラトニンが分泌されて夜にちゃんと眠くなる。

〇メラトニンの分泌は夕方から徐々に増えて夜に多く分泌されて眠くなるが、TVやスマホの光を浴びてしまうと、メラトニンが減少して眠くなくなってしまう。

〇妊娠中、夜の12時以降に入眠していた場合、生まれた子に睡眠障害が現れることがある。

　などが、三池輝久氏の研究によりわかってきています。

次に 10 時以降に就寝させてしまう理由について考えてみます。

正しい睡眠の阻害要因

次の（図 8）は、夜 10 時以降に就寝する児の割合です。

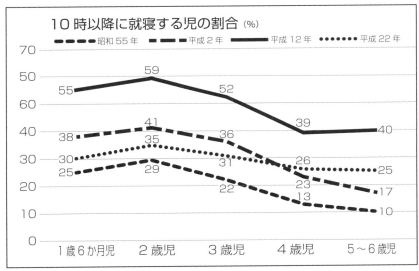

〈図 8〉『幼児健康度に関する継続的比較研究』平成 22 年[55]

　平成 12 年のデータにおいて 10 時以降の就寝の割合が一番高くなっています。景気が悪く、サービス残業の横行した時代の親の社会状況の反映でしょうか。

　平成 22 年では割合が低くなっています。それでも、一番高い 2 歳児では 35％、一番低い 5 〜 6 歳児でも 25％の子どもが 10 時以降の就寝になってしまっていることがわかります。

---

55)『「幼児健康度に関する継続的比較研究」平成 22 年度　総括・分担研究報告書』日本小児科学会 2011 年

なぜ、遅くまで起こしてしまっているのかを推察すると

①**母親が専業主婦の場合**

　父親が帰宅したあと、子どもを風呂に入れたり遊んだりしてから寝かしつける。朝は母親の家事が済んでから起こした方が段取り良いので、朝寝坊させてしまい、生活リズムが夜型になってしまう。グラフで、3歳、4歳、5歳と割合が下がっているのは、子どもが幼稚園などに入園することで、朝早くに起こす必要から就寝時間が早まっていると推察されます。

②**母親が就労している場合**

　仕事でどうしても遅くなってしまい、食事時間や風呂、就寝のすべてが、遅い時間にずれ込んでしまう。

　そんな時、助けてくれる人（夫やほかの家族）がいない、会社が配慮してくれないなどの、どうしようもないことが理由にあると思われます。

③**8時以降まで、買い物や外食などで、外出させてしまう。**

　遅寝の害を知らなければ、現在の日本では何も思わずにしてしまうことでしょう。

⑤**9時間～11時間など、長い時間寝ていたら寝かせる時刻は関係ないと思い込んでいる。**

　また　昼寝していたら大丈夫と思い込んでいるなどの誤解。

　などの理由があげられますが、母親が就労している以外は、即座に改善可能なはずです。「睡眠負債」という言葉が、2017年の流行語にあげられていましたが、この子どもの睡眠に関する「眠育」も、流行語になるくらいになってほしいと願っています。

　ぜひ三池氏の文献や、the0123アート子育て研究所のブログ『寝る

子は育つのひみつ』[56]をご覧ください。

　また入眠の儀式も正しい睡眠のために必要な知識です。乳離れして親の抱っこで眠りにつくという赤ちゃん時代から成長した2～3歳は自我が発達し、イヤイヤ期と言ったり、第一次反抗期などとも言われる、やっかいな時期です。また遊びに関する意欲や自発性が増し、睡眠に対して拒否することも多くなる時期でもあります。そこで具体的な入眠儀式を取り入れた方が、寝つきが良いという報告もあります。0歳の時から、眠る時はこれ！という「儀式的な決まり事」を作っておくと良いでしょう。

　『○入浴　○マッサージ　○子守歌　○抱っこによる静かなかかわり　○消灯　などを習慣化させることにより、睡眠の問題が減少しただけでなく、母親の睡眠状態やストレスなどの感情も改善された』[57]とMindell氏は報告しています。「絵本を1冊読んだら寝ようね」ということも良いでしょう。

　さらに1960～70年代の日本人の生活と今の生活を比較してみると、○携帯・スマホ、パソコンがなかった。○TV画面が小さかった。○夜に開いているスーパーもコンビニも、ファストフードやファミレスもなかった。○スーパー銭湯もなかった。

　つまり、睡眠に悪影響を与えるものは、少なかったわけです。「寝る子は育つ」は事実かもしれません。

　現代の生活は親に正しい睡眠の知識がないと、子どもから正しい睡眠を簡単に奪いかねない状態だということです。その結果、子どもが

56）アート子育て研究所：このHPでは私も『親になる前に　～児童虐待の要因と解決策について～』というタイトルで書いています。　http://www.the0123-lab.com/
57）Mindell JA. Du Mond CE.et al（2011）Efficacy of an internet based intervention for infant and toddler sleep disturbances.*Sleep*34:451-458

親を困らせる状態になってしまい、それが虐待へと結びついてしまうのではないかと皆が考えたらいいでしょう。

　大げさに聞こえるかもしれませんが、社会全体で対策すべき問題を含んでいます。親がどうがんばっても、自分一人では解決しようがないのは、母親が就労している場合です。

　「眠育」のことを育休中の同僚に説明すると、「うわあ、つらいこと聞いたわ。だって、9時までに寝かせるなんて、無理やもん！」と言っていました。それは、そうでしょう。私自身も子どもが幼い時、いくらがんばって早く寝かしつけようとしても、結局子どもが寝たのは夜10時…ということがよくありました。

　社会全体で、この「眠育」を認識し、幼い子どもがいる社員・職員には、皆で寄ってたかって「早く帰りなさい。急ぎの仕事があるなら、代わりにやっておくから」と言える社会でないといけないわけです。政府が小学生以下の子どものいる父母に残業させたら、直属の上司が罰金を払うなどと決めて、子育てを後押ししてくれないと困るのです。

　ただし、社会全体での支援ということを考える時、取り残されてしまうのが、非正規雇用で働く人です。

　正社員なら、働き方改革で残業なしといったこともありますが、昼は昼のアルバイト、夜は夜で別のアルバイトで何とか家計をやりくりしているというシングルマザーの話はよく聞きます。「正社員になれたら、子どもを置いて夜出かけなくてもいいのに」と…。

　一番弱いところにしわ寄せがきてしまう社会を、先進国と呼んでいいものか。ただ授業では、日本がそういう国であってはいけないと説いています。

第7章

世代間伝達の
予防

虐待被害者への支援

　自分自身が虐待環境で育っており、愛着の障がいを抱え、人との温かい心の交流を営めない。そんな人の場合、自分が愛され、慈しまれたことがない、細やかに世話をされたことがないので、我が子であっても、どのように接してよいかわからない、愛し方がわからないというような困難に直面したり、不適切な養育によって脳が傷つき、先の見通しがたたず無謀な妊娠となってしまったり、子どもの泣き声にいら立ちやすく、落ち着いて対処しづらい状況なども生じやすくなってしまうなど、子どもの世話に、ストレスなく取り組むことは難しいことでしょう。

　考えてみますと、出産・子育ては、ものすごく痛い思いをして子どもを産み、その後も、しばらくは子宮の縮む時の痛みや、会陰切開後の痛みなどにも耐えなければならず、また、酒好き・タバコ好きの人も、妊娠中から授乳が終わるまで我慢しなければならず、外出もままならない。

　そんな中で24時間すべての時間を子どものために費やし、昼夜逆転して夜中じゅう泣く子を抱っこし、オッパイをやり、オムツを替え…という作業は、よほどの覚悟と思いがなければ、できないことではないでしょうか。我が子を見て「かわいい」と思えてこそ、耐えられることです。

　これほどのことを虐待環境で育った人が、だれの助けも何の助けもなしに、乗り越えていくことができるでしょうか。
○手厚い継続的な支援が専門家から得られること。

○支援が得られるよう周囲の者が当事者の状況を把握し、支援機関につなげること。

○自ら支援機関に向かわせるような何らかの働きかけが学生時代の間にされていなければならない。

　などが不可欠です。さらに、

○ほめる、共感するなどの肯定的なかかわりによって、愛着を再形成し、脳の回復を待つ。

　という愛着の再形成は、長い道のりかもしれませんが、虐待の支援関係者や教員が最善を尽くしていくしかないでしょう。さらに、この章までに書いたことをまとめますと、

[学校では]

○自分の育てられ方を振り返って生育歴の整理をする。

○自分の育てられ方に不適切なところがあると自覚できた場合には、専門機関に相談・通院した方が良いことを伝える。

○自制心につながるスキル（怒りのコントロール）や共感性を養うスキル（疑似体験やロールプレイ）などを学習する。

[今後に望まれる施策]

○児童相談所で対処した子どもに対しては成人前に追跡して学習の機会を設ける。

○対処していない隠れた被虐待経験のある人のために学校教育の中での支援を義務化する。

　などさまざまありますが、虐待の世代間の伝達を予防するには、全力で支援するほかないでしょう。

生育歴の振り返り

　学校でできることとして、虐待の世代間伝達の予防を目的として、自分の生育歴を振り返るという作業をします。虐待被害にあった人が子どもに同じような虐待を繰り返さないことと、子どもの養育に関する適切な支援を受けようとする自覚を持つためにも必要な作業です。この授業だけで何とかなるとは思っていませんが「少しでも何とか」という思いで授業を行っています。

　自分の育ちの中で、良かったところ、良くなかったと思うところを整理し、自分に子どもができた時には、良くなかったと思うところを伝達しないと心で確認することが基本になります。

　考えを深めていく過程で、初めにサイモンズ氏の（Symonds 1939）『親の養育態度と子どもの性格・傾向の相関図』を提示し、育て方をタイプ別に例示し、自分はどれにあてはまるかを考え、自分の親は自分をどのタイプに近い状態で育てたのかについて考えます。次に自分の育ちを具体的に思い出しながら思考を深めていきます。

　次の内容をプリントを使って進めます。

自分の育てられ方の振り返り

☆下の資料は親の養育態度と子どもの性格の関連について示したものです。きわめて個人的な家庭内のことを記述することになるので、人に見られたくないという人は、プリントの左肩に○印を入れておいてください。記入があることだけを確認して、内容は読みません。

☆この図は、親の養育態度と子どもの性格の関連性について非常に短絡

的に記述されていますが、父親の態度、母親の態度、友人関係、環境
など、性格や行動に与える影響はさまざまで、度合いや頻度にもよる
ので、あくまでも自分を振り返る参考に。

（1）①〜⑱は親の養育態度の例です。自分に当てはまるところに○を
つけてください。

①ご飯のときはしゃべらない、とか宿題が完成していないと晩ご飯なし
とかの厳しいルールが決められていて、守らなかったら厳しく叱られた
【　　】

②何でも親の言うとおりにしないと、厳しい罰があった【　　】

③着る服も決められて自分の好きな服は着られなかったし、おけいこ事
も親が決めて好きなことはさせてもらえなかった【　　】

④何か悪さをした時は、必ず殴られた【　　】

⑤食べ物をこぼしただけで、殴られたり、外に放り出された【　　】

⑥何かを失敗したり、テストで点が悪かったりしたら、「産まなければ
良かった」とか「あんたなんか、うちの子違う」と言われた【　　】

⑦学校であった嫌なことの話をしても聞いてくれなかった【　　】

⑧ケガをして痛くて泣いていても、放っておかれた【　　】

⑨風邪を引いて寝ていても医者に連れて行ってもらえなかった【　　】

⑩スーパーなどで、だだをこねたら、おやつを買ってくれた【　　】

⑪学校で先生に叱られてムカついたので、親に言ったら先生に文句を
言ってくれた【　　】

⑫いつも、自分の言うことは何でも言うとおりにしてくれた【　　】

⑬風呂上りにはいつも、着替えを置いておいてくれた【　　】

⑭小学校の時はいつも時間割を合わせておいてくれるなど、自分でやら
なくていいようにしてくれた【　　】

⑮部活動の後、連絡しなくても疲れただろうと車で迎えに来てくれた【　　】

⑯小学校の低学年の時には、忘れ物がないか、一緒に持ち物を確認して
くれた【　　】

⑰叱られる時は、自分のした“悪さ”と同じくらいの程度で叱られた【　　】

世代間伝達の予防 ● 145

⑱叱られる時、親の気分で叱られたことはない【　　】

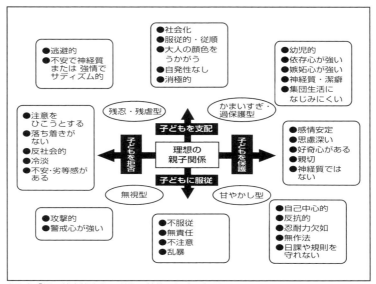

〈図9〉「親の養育態度と子どもの性格・傾向の相関図」

（2）自分の育てられ方を振り返って、あなた自身は何型（支配型、かまいすぎ・過保護型、保護型、甘やかし型、服従型、無視型、拒否型、残忍・残酷型、）に近いと思いますか。
　　【　　　　　　　　　　】型
（3）自分の育てられ方で良かったところはどんなところですか。具体的なエピソードを思い出して書いてみてください。
（4）自分の育てられ方で、良くなかったところや、嫌だったことはどんなところですか。具体的なエピソードを思い出して書いてみてください。
（5）自分は、どんな親になりたいですか。どういうところに気をつけて、子育てしようと思いますか。

他に、毎年あれこれ悩みながら質問事項を変えているので、次の質問などを入れる時もあります。

①自分がされて、嫌だったことを、自分の子どもにしないためには、どうしたら良いと思いますか。

②親の役割の中で、大事なことはどんなことだと思いますか。自分の気持ちに近いものに○をつけてください。

○子どもにお金の不自由をさせない。

○厳しくしつけをする。

○子どもが愛情を感じられるようにする。

○社会に出た時、困らないよう世の中のルールをしっかり教える。

○しっかり勉強させていい大学に行かせる。

○自分を愛し大事にできるように、しっかりかわいがり大事にしてやる。

○親がしっかり生きて、良い見本を見せる。

○おいしい栄養のある食べ物を食べさせたり、一緒にお風呂に入ったり、いっぱい遊んでやったりする。

○自分が殴られて嫌だったから、殴らないで育てる。

○人生は楽しいものだということを、親が楽しんでいるのを見せて、わからせる。

　などです。

　どんな質問を投げかけることが学習効果として高いかについては、毎年、追加・変更しながら検証中です。

世代間伝達の予防 ● 147

生育歴の振り返りの注意

　この教材は、中には被虐待経験のある生徒もいるので、教える側の経験や十分な観察・配慮が必要です。

　プリントの説明をしていて、いらいらしてきていないか、何もせず机に伏せた生徒はいないか、表情に変化はないか、などを観察します。

　また、プリントに虐待経験を記入してくることもあります。的確なコメントに悩むことも多いのですが、おろそかにできるところではないので、時間をかけてコメントを記入しています。ことによっては担任や教育相談担当などに報告し、対処の必要な場合もあります。

　非常にデリケートなものと認識したうえで取り組むべき教材です。

　また、生徒にとっては文章力・理解力・自己洞察力・自己開示力が必要とされ、個々の生徒により取り組みに差の生じることの多い教材です。

　学校にもよりますが、女子生徒はこういう心理分析めいたことは、好んで積極的に取り組みますが、男子生徒は消極的なことも多く、文章力に左右されて、言いたいことや考えたことをうまく表現しきれていない生徒も多く見受けられます。ですから可能な限り○×式で答えられるように工夫しています。

　ただ「オレ、殴られて育って、今、何とかなっているから、オレも子どもを殴って育てるで」「しつけのためには殴らないと、甘やかしてることになる」と、この授業の中で発言する生徒もおり、体罰の肯定観を変革する第一歩とすることも目標のひとつです。

第8章

体罰の肯定観の否定

体罰肯定観の否定の困難さ

　この授業の導入で、生徒に「殴られて、痛くなかった？　いやじゃなかった？」と聞きますと、「痛かったけど…」「殴られてうれしかった？」「うれしない」「殴られて、うれしかったら、おかしいよなあ？」「でも、オレが悪さしたから、殴られても、仕方ない」「そうやな。でも、殴らないで、悪さをやめさせたり、反省させたりできたら、殴らんでも良いと思わん？」「……」

　自分に暴力を振るわれたけれども、それを肯定する。肯定することで自分の親を肯定し、その親に育てられた自己の存在を肯定したいという心性を持った生徒がいます。親の暴力を否定すると、自分自身を否定することになるので、否定したくないということでしょう。

　「この中に、殴られて育ったという人もいるかもしれないけど、それは、君たちを嫌いでも、愛してないわけでもなくて、ただ単に殴るというしつけの方法しか知らなかっただけのこと。

　私も自分の子どもを育てる時、殴りはしなかったけど、悪さした時に山に放りに行ったことがある。今考えればひどい、暴力的なことだったなと、ものすごく反省してる。でも、どうしても言うことを聞いてくれないから、仕方なしにやってしまったの。この次の授業で体罰しないしつけの方法を勉強するけど、それを自分が親になる前に知っておきたかったわ」と話していきます。

　体罰の肯定観を否定していく作業は、手ごわい骨の折れることですが、一つひとつ生徒の疑問に答え、生徒からの質問がない時はこちらから疑問を出し、単なる知識の伝達ではなく、がっちりと意識の変革

を目指して教材を準備しています。

　また体罰・暴力を実際に人が行うか行わないかには、暴力に対する慣れというか、親和性のあるなしの影響が考えられます。今まで一度もたたかれたことも蹴られたこともない人が、人に対して容易に暴力を振るうかというと、よほどの怒りを感じた時などに限定されるのではないでしょうか。平素から暴力にさらされることによって、暴力へのハードルが下がるのではと考えられます。

　信田さよ子氏は『体罰による養育モデルの子どもへの世代間伝達が男性にのみ多く起こる。幼少期の DV の目撃による DV の伝承は、女性ではほとんどなく、男性では75％にその世代間伝達が起こる。それはなぜかというと、幼少期には自らの体罰・身体的虐待の被害、DV の目撃などにより、暴力に対する否定的な心性があるけれども、男性の場合、思春期に身体的成長を迎え、親との立場の逆転が起こり、暴力による支配的立場もそこで逆転する。その時に父親は「男同士として、これからは付き合おう」などと融和を試み、子どもは自ら暴力による支配のできる立場に安住することとなる』[58]と指摘しています。

　男性は成長するにしたがって力を持ち、支配的立場になり得ることにより、より暴力を振るう土壌ができるということを考えると、ますます男性への暴力の肯定観の否定を教えることは、手ごわい困難さを抱えるものと思われます。

　すっかり力を持ってしまい、力の論理に支配される前にこういった学習をしたいところです。高校の授業では遅い人も中にはいるかもしれません。かと言って中学生で理解できるでしょうか。非常に難しい

58）信田さよ子『父親再生』NTT 出版 2010 年

体罰の肯定観の否定 ● 151

ところです。何回も教えるしかないでしょう。

体罰肯定観の否定のための対策・方法

「どれくらいなら、たたいても良いの？」「体罰としつけの境目は？」との質問を受ける時があります。答えは「すべてだめです」「体罰としつけに境目はありません」。子どもがだだをこねて、ペシッと思わず頭をはたいてしまうということは、あることでしょう。そのくらいで脳が縮小し、脳の機能が阻害されるかというと、継続的でない限り問題はないという意見もあります。だれしも「つい、いらっとして」という時はあります。ただしそれを正当化しないことです。たたいた時、子どもは身をすくめていませんか。体で反応していたら、それはもう習慣化しているということですから、もう脳への影響はあるかもしれません。

「ごめん、お母さん○○ちゃんが、いたずらするから、つい、たたいてしまったわ」と謝ることです。謝ることで子どもには「たたくことは悪いこと」と正しい情報が届きます。

また、「体罰はしつけにおいて効果がない」という西澤哲氏の言葉は[59]重要です。良いとか悪いとかの問題ではなく、効果がないということです。効果がないことはすべきでない。当たり前のことです。

そういったことをもとに授業を行っていきます。

次は授業で使用しているプリントの一部です。

59）NHK テレビ『もしも明日…我が子に虐待を始めたら』2011 年 9 月 24 日放送

○単に腹が立ったり、興奮したりしてとか、イライラのはけ口として暴力を振るうことは、当然ダメだけれども、しつけと称して体罰が行われることがある。

○しつけなら OK か？と考えると、最初はおしりをたたいたりするくらいなのが、暴力の度合いをあげないと効果が薄れるので、体罰がエスカレートしてしまい、結局は虐待となってしまう。だからしつけのつもりでも暴力はダメということになる。

○子どもを殴って蹴って殺した親が必ず言う。「最初はしつけのつもりでした」と。例えば「子どもが食べこぼしをしたので、最初はしつけのつもりで子どもを正座させた。ところが、しくしく泣いてうるさいので殴った。そしたら、よけいに泣くので、静かにさせようと、さらに殴ったら興奮してしまい、さらに殴ってしまったら、ぐったりしてしまって…」というようなことがあるので、しつけの上であろうが、何であろうがダメ。

○また、たたかれただけで終わってしまうと、子ども自身が「何が悪かったのか、どうすれば良かったのか」を理解していない。何が悪かったのかをしっかり理解させなければ、しつけとは言えず、また同じことを繰り返すので効果はない。

○人間は暴力を受けている時には、身を守るのに必死で人の話は耳に入らないものなので、結局しつけにはなっていない。

○つまり、しつけのつもりでも体罰に効果はないので、しつけであろうが何であろうが、体罰＝暴力は一切しない。

　と、ここまで説明しても、まだ納得しない生徒もいます。しつけは正しいこと、正義でもありますから、正義を否定するのは難しいのです。「子どもは厳しく育てなあかんから、殴ったらいいねん」と言う生徒もいます。ですから、次のような例をあげて説明を続けます。

体罰の肯定観の否定 ● 153

それでも『体罰も効果がある』と反論のある人もいるだろう。例をあげて考えてみると

①２歳の子がご飯を食べこぼした→殴ってしつける必要はあるか？
→ある・ない

②３歳の子がオシッコをもらした→冬に裸にして、外に放りだす必要はあるか？　→ある・ない

③５歳の子が公園から帰るのが20分遅れた→晩ご飯を食べさせないで、ずっと正座させてしつける必要はあるか？　→ある・ない

④小学６年生の息子が、友人５人で１人の子をいじめて、殴ったり蹴ったりした。⇒親が「情けない、そんな子に育てた覚えはない」と泣きながら我が子を殴って、痛い思いをさせて、自分のやったことを理解させる必要はあるか？　→ある・ない・場合による

　上記の①②③の答えはもちろん「必要ない」です。生徒に質問して答えを聞きますが、「①は、子どもは１歳くらいから自分でスプーンを使って食べられるようになり、おはしは３歳ころから使えるが、こぼさずに食べられるのは５〜６歳。だけど皆の中で今でも、よくこぼすっていう人いないかな。子どもが食べ物をこぼして、腹が立つのは食べこぼしを拭いたりして片付けが大変だから。自分の仕事が増えたから怒ってしまうの。②はおしっこをもらさずに、きちんとトイレに行けるようになるのは４〜５歳になってから。２歳半から３歳くらいにトイレトレーニングを始めるけど、遊びとか何かに夢中になってたら、ついトイレに行きそびれることってあるよね。でも、床拭いて、パンツ履き替えさせて、洗濯してって、余計な仕事が増えるから腹が立つ。要は親が自分の用事が増えたから、自分のために怒っているだけ。③は公園で遊んでいたら、時間忘れることって皆でもあるよね。

でも、親が心配して心配した分、腹が立ってしまうし、自分の指示したことに従わなかったから怒ってしまう。『心配したから、次は気をつけてね』って言えば済むことなのに。この指示に従わなかったら怒られるって皆、ふだん経験してない？」と聞くと、よくしかられている生徒は気がつくようで「先生に指示に従えって、よく怒られる！」と返ってきます。「そう、大人っていうのは、子どもとか生徒が自分の指示に従わないと、自分を軽く見られたような気がして、怒ってしまうの」「そやそや！　○○先生、すぐ、どなりだすねん！」と被害者側の気持ちになれるようです。

　問題は④です。「体罰が悪いことをしたとわからせるのに最善であると、もし例外的に判断できるような場合があるならば、体罰を与える意味をよく考えて、『冷静に』体罰する。もし冷静に殴ることができるなら、です。ボクサーでも冷静に人を殴れる人はあまりいないでしょう。だから殴ることでその痛みをわからせようと判断した時でも、それは一生に一回のことと考えてほしい」と説明します。

　「何で、一生に一回のことだと思う？」と問いかけてから次の説明をします。

　「なぜなら、体罰しなければいけないと判断するような、例外的な問題行動を何度もするということは、それは親に問題があるから。子どもの行動を把握していない。子どもが何をして、どんな表情をしているのかを見ていない。子どもの話を聞いてやっていない。子どもと対話できていない。子どもが必要としている時に助けてやっていない。だから、子どもが問題行動を起こすの。

　子どもをしかる前に、自分が反省して、自身の親としてのダメさをまず子どもに謝るべき。結局、親が体罰しても解決できることは

体罰の肯定観の否定　●　155

ない」と説明すると納得する生徒は増えます。

さらに「子どもというのは、学校の環境だったり、友人関係だったりの中で、自分の意志とは違っても引きずられて悪さをするということがあるよね？（大きくうなずく生徒がたくさんいます）もし、友達に引きずられているなら、学校とか担任とか、警察、児童相談所などと相談して解決するという手立てを親が何とかしないといけない。それをやるのも親の仕事。

親に友人を悪く言われたり、付き合うのをやめろと言われたりすると、当然、子どもは反抗するけど、そこでしっかり具体的にどうしていけばよいか、子どもと話し合ってやるのが適切な親の行動だから、体罰する必要は結局ない」と説きます。

さらに、「子どもは厳しくしつけなければいけない」という意識が、体罰することを肯定する意識に直結してしまっているという誤解もあります。その誤解を解くのも、かなり困難なことですが、意識を変革できるよう言葉を尽くして説明します。

「子どもは厳しく育てなければいけないというのは、当然のことで、子どもが何か買ってほしいと言ったら、いつでも何でも買ってやるとか、学校で注意されてつらかったと親に言ったら、『お母さんが先生に、うちの子が傷ついたって言ってあげるわ』などと、子どもが注意された原因もよくよく考えずに、子どもの言うことをうのみにして、学校にクレームなど入れる。その結果、その子の悪い行動が見逃され助長してしまう結果になってしまうなどの甘やかしなどは、とんでもないこと。

何でも自分の思うとおりになると誤解して、世の中を甘く見てしまって、勝手気ままで、我慢のできない世の中で通用しない人間になってしまうから、子どもは絶対に甘やかして育ててはいけない。

それから、悪いことをしたのに、ただ口頭で『そんなことしたら、だめよ』と注意するだけだと悪い行動を悪いと自覚できなくなるから、自覚できるように厳しくしないといけない。

　そこで、体罰となってしまう人がいるが、違う。

　『悪いことは悪い』と親自身が判断基準をブレずに持っておかないといけない。買わないと決めたら買わない。ダメなものはダメ。子どもが自分を守るためにうそをつくことはあること。よくよく話を聞いてやれば、しかるべきことなのか、本当に学校にクレーム入れた方がいいことなのか間違わずに済む。

　例えば、ゲームは一日30分だけと決める。それなのにゲームの時間を守らず50分遊んでルール違反をした。そうすると次の日は20分ゲームの時間を減らす。これが厳しいしつけ。何度もルール違反をしたら、ゲームを取り上げる。ゲームを捨てる。子どもにとって本当に困ることをペナルティとして決めて実行すること。

　『いつまで、ゲームしてるの！』と言葉で言って、頭を殴るとする。この子は、次の日からゲームの時間を守られると思うかな。たぶん、また同じことを繰り返して、また、頭を殴られるだけ。『まだゲームしてる！』って殴って終わり。結局、しつけとして効果的ではない。

　ゲームの時間を決める、ゲームの時間を減らす、ゲームを取り上げる、というのが厳しいしつけであって、たたくことが厳しいしつけということではない」と説明しますが、まだ釈然としない生徒もいます。ここまで説明しても、「いや。おれは親に殴られたから、悪さをやめたことがある」という生徒もいます。そういう生徒のために次のように友田明美氏の著書[60]から引用して説明を続けます。

60）友田明美『子どもの脳を傷つける親たち』NHK 出版新書 2017 年

『幼い頃に体罰や暴言を受けた人とそうでない人の脳を比較すると、感情や意欲にかかわる部分が平均で 19.1％、集中力や注意力にかかわる部分が平均で 16.9％小さくなっていることがわかっている。

つまり虐待によって、キレやすかったり、無気力で何事にも意欲的になれない、授業に集中できず提出物を忘れたり、成績は当然低迷し、非行や犯罪に走りやすくなってしまうというような重大な後遺障害が起こる』と述べられています。

だから、体罰はもちろんのこと、暴言など心理的虐待も、もちろんだめなことや、面前 DV と言って子どもの前で父母が激しい言い争いや夫婦げんかすることも脳の機能を低下させること、その影響の大きい年齢や、夫婦げんかを子どもに見せない心づかいなどについて説明します。

また、友田明美氏の報告については、脳の各部の名称や数値など生徒が理解しやすいように、TV 番組を活用します。

日本 TV『世界一受けたい授業』の 2017 年 10 月 28 日に友田明美氏が出演している場面（約 15 分）。もしくは NHK クローズアップ現代の 2017 年 12 月 13 日放送『夫婦げんかで子どもの脳が危ない』（25 分）。切り口が違うので時間が許せば、どちらも見せておきたい内容です。

また、厚生労働省からは、『子どもを健やかにはぐくむために〜愛の鞭ゼロ作戦〜』[61]という、PDF でダウンロードできるチラシが出ています。これもプリントして配付し、解説を加えておきます。

ここまで、しつこいくらいに説明して、やっと納得してくれるようです。

61）厚生労働省（http://sukoyaka21.jp/poster）「子どもを健やかにはぐくむために ──愛の鞭ゼロ作戦」

また、傷つけられた脳も回復する、アタッチメントの再形成が可能であるということは、私たち教員にとって非常に重要な情報です。

　それらを担うのは、心理職の方や児童養護施設の職員の方などばかりでなく、もっと日常的に子どもと接する機会と時間の多い、私たち教員に託されているとも言えるのではないでしょうか。その「子どもの自尊感情を醸成し、安心安全な環境を守る」使命ともいうべき役割を担っている自覚のない教員もおり、平気で集会や問題行動への指導の際に、暴言を吐く、どうかつする、はたまた体罰するといったことが、日本のどこかでいまだに行われていることは否めません。

　「子どもの自尊感情を醸成し、安全安心を守る」ためには、虐待された心と脳を癒すための知識を教員に広く知れ渡らせることも必要なことです。それをするのはいち早く知識を得た者の役割でしょう。

体罰しないしつけの方法

　「体罰しないでしつけをしよう」と言っても、現に体罰してしまっている人は、正義からくる怒りや支配欲などもあるでしょうが、単に他に方法を知らず子どものしつけで困っているからということもあるので具体的な方法を教えます。

　まず、コモンセンス・ペアレンティング（以下 CSP と略）を教えています。CSP の詳しい内容については、ぜひ CSP の研修を受講されることをお勧めします。まずはホームページ[62]をご覧ください。

　「ほめる」ということは、傷ついた脳の回復にも、ほめることを強

62）「ボーイズタウン・コモンセンス・ペアレンティング®（Common Sense Parenting®）」
　　http://www.csp-child.info/

体罰の肯定観の否定 ● 159

化すると良いということがあり、しつけを考えるうえで重要なスキルとなりますし、さまざまな親学習でも「ほめる」は必ず登場します。

　具体的なほめる方法について中室牧子氏は[63]『ご褒美は「テストの点数」などのアウトプットではなく、「本を読む」「宿題をする」などのインプットに与えるべき』『子どもをほめるときには、もともとの能力ではなく、具体的に達成した内容をあげることが重要』、しかし、『むやみやたらに子どもをほめると、実力の伴わないナルシストを育てることになりかねません』と述べています。

　ほめ過ぎも問題であることは、NHK『すくすく子育て』（2018年4月14日放送）で東京大学大学院教授の遠藤利彦氏も次のように述べています。

　『ほめることとしかることの両方が必要で、バランスが大事。具体的な根拠をあげないで、ただほめてばかりいると、ほめられることに慣れて、ほめられ中毒になってしまい、いつもいい子でいないといけないという気持ちが強まってきて、いい子でない自分を見せたくないので、失敗を恐れるようになって、チャレンジしなくなってしまう。難しいことを避けてしまって、自分の発達の可能性を縮小させてしまう。ただほめるということで、よく育っていくとは限らない』。また、ほめることは子どもの「我慢できる力」、言い換えると自制心を育てようという時にも役立ちます。子どもが何かを少しだけ我慢できたという時にほめると、「我慢した」ということが強化されその子どもの心に根づきます。

　ですから、必要な時に必要なだけという「適時・適量のほめ」「人

63）中室牧子『「学力」の経済学』ディスカバー・トゥエンティワン社 2015年

そのものや過程・努力をほめて、能力や結果はほめない」がベストなのですが、これらを説明すると生徒には「何かややこしい！」となるので、「ほめるべき時だけ、ほめればいいし、注意すべき時に注意すればいい。ただ、自分が親になってどうして良いか悩ましい時には、いろんな親学習があるから受講するとか、ネットとか本で勉強してみて」と将来の積極的な学習姿勢を促しておきます。

また友田明美氏[64]は『不適切な養育状態で育った子どもは、ほめ言葉はなかなか心に響かないという特徴があり、健常な子ども以上にほめ育てを行う必要がある』と述べています。

子どものしつけ・教育・支援にあたる場合は、この情報をよくよく心にとめて子どもに接するべきでしょう。

虐待のなくならない要因・教員の責任

体罰に関して考えておかなければいけないことの一つに、家庭（親など）以外の影響があります。特に学校は義務教育で9年間は最低、在籍するところです。高校も含めると12年。その影響は計り知れません。

学校では学年集会などで静粛指導をする際、大きな声でどうかつする教員は多く存在します。さすがに今、体罰を行使する教員はめったにいませんが、大きな声で叱責する、どうかつするということの意味の認識はなされていません。

私が学年主任をしていた時、この大きな声での叱責・どうかつを学

64）友田明美『子どもの脳を傷つける親たち』NHK出版新書 2017 年

体罰の肯定観の否定 ● 161

年の先生方にはしないようお願いしました。

　それは、今いる生徒を虐待の加害者にはしない。さらには生徒たちが将来、就職して上司となった時にパワハラしないためです。どうかつすることは、つまりは力の大きい者が小さい者に対して、力で支配することを良しとし、また立場が下の者を自分の意に添わせようとする時、どうかつなどの力の行使によることが正しい方法であるとの間違った学習、つまり「人を自分に従わせるには、この方法が簡単だよ」と悪い見本を見せていることになってしまいます。

　「虐待はなぜ、なくならないのか」と心理や子ども支援の雑誌でよく特集されるテーマですが、学校がその原因のひとつと考えて間違いはないでしょう。

　体罰だけでなく、どうかつすることもダメなことなのだ、「教師」というだけで「力」を持ってしまっているのだという認識を多くの教員が持ち、日々の指導の中でどうかつや力に頼らない良い見本を見せることによって、言葉だけではない実効性をともなった人権を尊重する態度が生徒にも根づくと考えられます。そのことによって子どもの虐待だけでなく、社会全体の中での「力の行使」であるパワハラ・セクハラやDVなどをも減少させることができるはずです。

第9章

虐待要因の理解と予防策のまとめ

理解のための一歩

　だれもが加害者になり得ること、加害者となってしまった親も子どもを愛していないわけではないことなどを中心に学習を進めます。

　まず虐待の要因の理解のためにNHKで放送されたTV番組『もしも明日…』を視聴します。ドラマの部分と解説の部分で構成されています。解説には山梨県立大学の西澤哲氏と虐待している親、していない親、被虐待経験のある人などが出演し、それぞれが経験や意見を語る部分があり、虐待の被害者の後遺障がいなどについても語られています。西澤氏も虐待する親の傾向や「体罰はしつけする場合に有効でない」ことや、「親世代のストレスを子どもに影響させない」ことなどを理解しやすく解説しています。

　ドラマ部分は、若年でできちゃった結婚し、子どもを産んだものの夫に逃げられ、実家の父親（母親は父からのDVで家出）からは支援を拒否され、仕事も子育てもうまくいかずに、我が子を虐待してしまう母親が主人公です。近くに住む虐待加害経験のある母親の助けを最初は拒否するけれども、親切な働きかけにより心を開き、受け入れていくというストーリーです。子どもを愛し、一所懸命育てようと思っていても、夫や実家の家族、友人などに助けてくれる人がだれもおらず、そのうえ、経済的な困窮や疲労などのストレスなどによって、だれしもが虐待にいたってしまうことがよく理解できる構成になっています。また後半、虐待の被害者の経験談や再現ドラマもあり、虐待による影響についても理解できます。

　振り返りでは次のようなプリントを用意します。

☆ビデオを見たうえで、次の質問に対し、ある―わからない―ないのあ
　てはまるところに、○をつけてください。（質問だけを記載します）
①子ども虐待は、だれでもしてしまう可能性がある。
②子どもにとって体罰は痛いし、つらいものである。
③体罰はしつけのつもりでも、結果的に親のストレスの発散になってい
ることもある。
④経済的に厳しいと気持ちに余裕がなくなり虐待につながりやすいこと
がある。
⑤子育ては基本的に母親が中心になってするものだから、父親はいても
いなくても同じである。
【この質問の答えだけが〝いいえ〟です】
⑥ひとり親（母子家庭・父子家庭）で他に頼る人がいないと、精神的に
も経済的にも時間的にも追い詰められやすいことがある。
⑦近所の人とのつながりがあると、ちょっとした時に頼ることができる。
⑧子育てで何か困ったことがあれば、児童相談所や保健所などに相談す
ればよい。
【考察】
（1）このビデオを見て、初めて知ったことや、初めて理解したことを
　　書いてください。
（2）母親（優花）の気持ちについて考えてみよう。
①仕事で疲れ、帰りも遅くなり、体調も二日酔いで悪い。そこで充くん
が「お腹が空いた」と泣きわめく。
○優花の心境は…
○ここで、虐待を防止するには、何があれば、何をどうすれば、できた
だろうか。
②充くんの好きなハンバーグを作ろうとスーパーに行ったが、充くんが
店でだだをこねた。
○優花の心境は…
○ここで、虐待を防止するには、何をどうすれば、良かったのだろうか。

虐待要因の理解と予防策のまとめ　● 165

（3）父親の子育てに関する役割にはどのようなことがあるか、考えて
　3つあげてみてください。
（4）全体を通して感じたこと、考えさせられたことについて書いてく
　ださい。

　以上に「できるだけ、たくさん書いて」と指示して、生徒に記入さ
せます。他のプリントには、分量的にそう多くは書かない生徒も、こ
こでは、しっかり書いてくれます。
　また「スーパーで子どもがお菓子買ってとだだをこねた時、どうす
れば虐待を防止できたのか」という質問に「お菓子を買ってやる」と
いう回答が多くあり、「それは、違う。甘やかすことになるので、ダ
メ。子どもはちゃんとダメなものはダメとしつけないといけない」と
コメントを書き込みます。その後の授業で、「子どもは厳しくしつけ
なければいけない。でないと自分勝手で世の中に通用しない甘ったれ
になってしまう。ただし厳しくしつけすることと体罰することは全く
違うこと。ダメなものはダメと、厳しくしつけなければいけないが、
体罰はしてはいけない」と解説しておきます。そうすると「そんなん、
かわいそう。お菓子買ってやったらいいのに」と言うので、「いい加
減な育て方した方がかわいそうやん。ルールをしっかり守れるように
育てないと、世の中のルールも守れなくなるよ。そんなんで仕事でき
る？　遅刻とか無断欠勤とかしてたら、すぐにクビになるよ。そんな
んでいいの？」と返すと、一応納得しているようです。
　ただし、ここで「厳しく」と強調してしまうと、「ダメ！」と叱責
したり、ガミガミ注意することを想像してしまいます。ですから「お

166　●

やつは今日は買わないって、約束したね。約束を守れるかな？」と聞いてやり、落ち着いて「約束守る！」という言葉を待ち、「えらいね、約束守れたね」とほめてやる、という見本もみせておきます。
自主的に正しいことを選べるように促すことが大切です。

　また、母親の心境になって、「疲れ切っていて、もう無理ってなったと思う」とか、「だだこねる子どもに腹が立って仕方なかった」と書いている生徒もいます。加害者の立場になって、「その状況では、だれでもそうなるかもしれない」という共感を示す回答も多く見られます。加害者を断罪することなく、共感することで「だれでも虐待の加害者になってしまう。自分も加害者になってしまう可能性がある」ということに気づくきっかけになります。そして「自分自身が虐待するかも」と思えばこそ、虐待しないための方法、体罰しないしつけの方法を教わる時、しっかり身につけようという姿勢が生まれます。

　ただ「子どもが悪い」というニュアンスの回答もあるので、「決して被害者である子どもに非があるように考えてはいけない。子どもはだだこねたり、泣きわめいたり、親を困らせるもの。そもそも親が子どもに対して、常に様子をしっかり見て、声をたくさんかけてやっていれば『これ買って！』と子どもが言っても『今日は買わないよ』と言えば、すぐに納得してくれるもの。そもそもの親のやり方次第だから、子どもが悪いということにはならない」ということをコメントしておきます。また、「体罰は決してしてはいけない。ただ、この母親は子どもを愛していたけれども、助けてくれる人がだれもいなくて、疲れ切っていて、しかも体罰する以外にしつけの方法を知らなかっただけ」と強調して話しています。

　さらに虐待する母親の心境になってみて、「仕方ないところもある

な」「母親もつらかったんだな」と虐待の加害者の立場になって共感することで、仮にもし、生徒に虐待された経験があったとしても、「回復の力になるのではないか」ということもあります。

　また、「虐待するにはするだけの理由があって、だれもがいろんな状況に追い詰められたら、虐待してしまう」ということをここで理解しておくことで、もし将来、我が子を虐待してしまったという事態になった時に、「こんな自分を助けてくれる人などいない」「公的機関を利用するなんて、情けなくてできない」と、必要以上に自分を卑下してしまって、余計にどうしようもなくなる状態を避けることができるのではないかと考えています。また、ここでも人の立場になって考えてみるという作業を通して、子育てにとって重要な共感性を成長させたいと考えています。生徒の回答を見ると、おおむね目標は達成されているようです。

　さらに、困った時は公的機関や知人・近隣の人に助けを求めるべきで、助けは堂々と求めていいのだということや、人間はもともと大家族制で大勢で寄ってたかって子育てしていたもの。だから一人で子育てするのは無理なことと話しておきます。

　この授業の終わりに、文字にして書かせると加害者を断罪することになるので、軽い口調で次の質問をしています。

　「このドラマで一番、アカンのはだれ？」と聞くと、「妻と子どもを置いて出て行っただんなだ」と生徒はくちぐちに答えます。

　「じゃあ、君ら、妻子を置いて、出て行くようなだんなに将来なったら、アカンよな！」と締めくくり、決して母親だけが悪いのではないことを強調しておきます。

要因の解説と予防策のまとめ

虐待の予防学習として最後になる授業で、知識の整理をします。

❶虐待の現状

虐待の現状について次の項目について、グラフと表で示して解説を加えます。

1．児童虐待相談対応件数及び虐待による死亡事例数の推移

子どもの虹情報センターから、毎年更新されて出ているデータ・グラフを活用しています。

「虐待相談対応件数は"相談""対応"した氷山の一角の見えているところ。ニュースで取り上げられるのは、その頂上だけ。水面下には、その数倍、数十倍の被虐待児がいる。さらに、その下には不適切な養育をされている子どもたちがいる」

と解説します。

2．虐待の種類の構成割合
3．被虐待者の年齢構成割合
4．虐待者の構成割合
5．死亡事例の年齢構成割合

などのデータを見ながら、理解を深めていきます。加害者に関しては、継父がニュースになることも多いので、実母が一番多いと知ると、「え、何で？」となるようですが、子どもと接する時間が一番多いことと、子どもの世話やしつけの主体者になることが多いことなど理由を解説します。また、死亡事例では0歳時が一番多いことの理由に、望まない妊娠や産後すぐの慣れない育児やうつ状態、赤ちゃんの昼夜逆転など、復習を兼ねて再度解説します。

虐待要因の理解と予防策のまとめ ● 169

❷虐待の種類

　一般的な4つの分類　○身体的虐待：殴る蹴る、寒い日に外に出す、正座をさせるなど　○心理的虐待：死ね、殺すぞ、クズなどの暴言など　○性的虐待：性的な接触、関係の強要、裸の写真を撮る・見せるなど　○ネグレクト：食べさせない、風呂に入れない、着替えさせないなどの基本的な解説の他に、身体的虐待では体罰の肯定観の否定の解説の復習をします。また心理的虐待では面前DVも含むことや夫婦げんかも脳への悪影響があり、不適切な養育となることや兄弟姉妹間で特定の子どもだけが特別の扱いを受けることも心理的虐待にあたること。近年、心理的虐待の件数が増加している理由は面前DVを警察が積極的に介入することで通告件数が増えていること。ネグレクトの解説では愛情の反対は憎しみではなく、無視であるということを考えると、暴力よりも子どもに与える悪影響は大きいかもしれないということ。子どものケアを怠るだけでなく、世話をされないことで、服が汚く臭いがきつくなり、いじめられる原因となってしまったり、正しい食生活や掃除・洗濯など家事全般を知らないがために、将来の結婚生活に支障をきたしたり、というさまざまな悪影響を子どもに与えてしまうことなどを解説します。さらに性的虐待では、裸の写真を撮影することはもちろん、それをネットで流すことも虐待に当たること、近年まで日本のネット環境は児童ポルノが野放し状態であったため世界中からアクセスがあったが、ようやく取り締まり始めたことや、世界の国々で貧しい家の子どもが児童性愛者の餌食になってしまっている現状なども伝えます。また、風呂上りに裸でウロウロすることも子どもが嫌がったなら虐待ではないけれども不適切な養育になり得ることや、女の子が中学生になってもお父さんと一緒にお風呂に入ること

を芸能人がTVで平気で、さもそれが良いことのように話していたりするが、女の子は10歳前後に初潮を迎えたら、お父さんが一緒にお風呂に入ったり、着替えが見える場所にいたりすることは控えなくてはいけないことなども話します。

　TVやネットでの情報をうのみにしてしまって、間違った知識がそのまま良いことのように定着してしまう怖さがあります。訂正される場面がどこかに必要でしょう。

❸子ども虐待の意味

　Child Abuseを直訳すると、間違った子どもの使い方。子どもを「乱用」しているとも言う。『虐待というより、むしろ乱用と言った方がことの本質に近い』と西澤哲氏は児童虐待防止協会の特別セミナー[65]で解説しています。

　虐待というと暴力をイメージするけれども、親が自分にできなかったことを子どもに押しつけて、自己実現の代用をさせることも、子どもを乱用し虐待していると言えること、例えば「自分の行けなかった偏差値の高い大学に行かせるために、子どもの意思とは関係なく毎日5時間も6時間も塾に行かせたりする」などは虐待と言うより「乱用」という言葉の方が適切でしょう。また、子どもの裸の写真をネットで売りさばいてもうけることも乱用と言えば理解しやすいことです。

❹虐待の要因・背景のまとめ

1　望まない妊娠：予期しない、計画的でない妊娠。若年での経済的にも精神的にも準備ができていない状況での妊娠・出産など。

2　知識や体験の不足：体罰以外のしつけの方法、愛着の形成、発達

65）西澤　哲「虐待をしてしまう親の心理——理解とその対応」児童虐待防止協会　特別セミナー資料 2011年10月29日

の特徴や子どもの遊びなど子育てに関する知識がない。赤ちゃんを抱っこしたことや遊んだことがないため、現実とイメージとのギャップが大きい。

3　貧困と孤立：正規就労ではないゆえの時間的・精神的余裕のなさ、リストラや正規雇用されないがゆえの自尊感情の低下など。だれも助けてくれない、だれも相談相手がいない、ママ友がいないなど。

4　母親の心身の状況：産後のホルモンバランスの急激な変化による精神の不安定さ、マタニティーブルーズや産後うつなど、夫（パートナー）が家事育児を担い、しっかりと支えるべき時期があることなど。

5　赤ちゃんの泣きと揺さぶられ症候群：赤ちゃんが泣きやまないだけでなく、だれも手伝ってくれないことやストレスによって、いら立ってしまうことや、怒りをコントロールするすべを知らないなど。

6　子どもの側の要因：障がいや疾病などによりストレスが増大してしまう、正しい睡眠についての知識がないため、子どもの状態が悪くなり子育てに困難が生じるなど。

7　世代間伝達：虐待されて育ったため適切な養育の仕方を知らないので、自分も親に育てられたように育ててしまう。不適切な養育により脳の機能が阻害され、適切に養育しづらくなってしまう。

8　体罰の肯定観：体罰以外にしつけの方法を知らない。厳しく育てないといけないという意識が体罰に直結してしまう。怒りのコントロールができないから、つい殴ってしまう。自分も体罰で育てられたから、子どもも体罰で育てることが正しいと思っていることなど。

❺自分がわが子を虐待しないために【防止策のまとめ】

①経済的・精神的に子どもができても大丈夫、準備ができたと自信を持って自分で思えてから、親になる。そのために確実な避妊を実行する。

②自制心を養い、イライラした時には深呼吸する・10数えるなど、自己コントロールする方法をあらかじめ訓練してできるようにしておく。

③父親は「できるだけ」「参加する」「手伝う」などではなく、家事・育児を半分分担するつもりで、子育てに臨む。

④母親は一人で育児しない。子どもはさまざまな人の手で育った方が良いという意識を持ち、人的資源（夫・父母・兄弟姉妹・友人・近所の知り合い・子育てヘルパー・保健所の保健師・児童相談所の職員など）と社会的資源（保育園・一時保育・地域の子育てサークル・子育て広場・保健所・児童相談所）などを最大限活用する。

⑤自分の育てられ方で、良かったところと良くなかったところを客観的に振り返り、我が子に伝達して良いものと良くないものを親になる前に整理しておく。

⑥「子育てがつらい」「虐待しそう」という時は、児童相談所・児童虐待防止センター・保健所・警察など、思いつく機関にとりあえず、電話してみること。虐待相談専門ダイヤルは　"1・8・9"いち・はや・く。

⑦ここでの学習を覚えておく。子どもの発達や有効なしつけの仕方を忘れたら、本やネットで勉強する。

以上をまとめとして学習します。

虐待要因の理解と予防策のまとめ ● 173

終わりに

　私は教員として、虐待の発生を予防したい、未然に防止したいという思いを授業の中で何とかしようとしています。

　私は今、この本を出版して終わりでなく、「ここから！」と思っています。「子ども虐待の予防学習」もしくは「予防教育」に関する論文や著書を国立国会図書館やネットなどで検索しても、出てくるのはまだまだ少数です。子ども虐待に関する講演会で「予防」となっていても単なる「早期の対応」ということが多く、がっかりさせられます。

　ですから、もっと早い段階での「0次的な」虐待の発生を予防できる学習が多くの人によって研究され、内容の効果・検証を行ってほしい。そして多くの中学・高校・大学、妊娠中の両親学級や子育て支援センターでの勉強会などで学習されることが望ましい形だと思っています。

　この本で書いた内容については、ご批判を頂くことで発展させることができると考えています。

　ですから「こんなことしても効果ない。こっちの方が良い」「こんな内容意味ない」などのご意見をぜひお教えください。

　「うちでも予防学習やりたいから、教材送って」なども大歓迎です。紙幅の都合で載せていない教材もたくさんあります。皆さまのご意見やご感想をどうぞお寄せください。送り先は明石書店へお願いします。皆で考えて、もっといいものをすべての子どもの幸せのために、そして将来のお母さんお父さんの楽しい子育てのために作りあげましょう！　親になる前に。虐待してしまう前に。この本を読んだ方がそれぞれの立場で。皆でやれることだけは、やっておきませんか。

2018年11月　森岡満恵

謝辞

　まず、ここまで読んでくださった読者の皆さん、辛抱強くお付き合いくださり本当にありがとうございます。子ども虐待防止は自分一人では、できることは限られています。皆さんと根本的なところで、虐待の発生を予防できる学習を共有し、悲しい報道を聞かなくて済むようにと願っています。

　元アート子育て研究所の石川さん、日本子ども虐待防止学会で発表した時に、「うちでホームページを書いてみませんか」とお声掛けくださったことは、私にとって大きな意味のあることとなりました。この出会いがなければ、出版できていませんでした。

　そのご縁で、『眠育』のシンポジウムに誘ってくださったアート子育て研究所の長谷川さんは編集者の師岡秀治さんを紹介しようと気にかけてくださっていたと、後で知り「何て良い人！」と感激いたしました。

　海の物とも山の物ともわからない私を助け、叱咤激励し、時に厳しくコメントし、本にできるまで導いてくださったのは師岡秀治さんです。私が自分のシンポジウムの発表が終わって、次の会場に移動しようとしていたのに、ふと「戻って長谷川さんに、もう一度ご挨拶しとこう」と思ったところにおられたのが師岡さんでした。「編集者の方です」と長谷川さんから紹介を受け、「私、本、出したいんです！」と思わず言葉が出た時、運命の出会いの連鎖に背中を押されたと感じました。

　明石書店の大江社長には、人権に対する厳しい配慮を学ばせていただきました。配慮しているつもりが、全然できていないことに気がついて、自分にがっかりしました。教員としても、今後の大きな糧となります。

　それから、母としての感想を下さった、近藤さん、栗生さん、中務さん。虐待について、それぞれの立場での話を教えてくれた、西井さん、みえちゃん、おぶちゃん。母になる前の人の意見をくれた、みき。イラスト書いてくれた、はるみ。困った時に助けてくれたひろしさん。

　皆さんのお陰です。本当にありがとう。

終わりに　●　175

森岡満恵(もりおか　みつえ)　　大阪府立高等学校家庭科教諭
児童福祉について 2010〜2012 年に日本福祉大学大学院　社会福祉研究科
社会福祉学専攻　修士課程　通信教育課程にて学ぶ

思春期からの子ども虐待予防教育
保健・福祉・教育専門職が教える、
親になる前に知っておいてほしいこと

2018 年 12 月 15 日　初版第 1 刷発行

著　者	森　岡　満　恵
発行者	大　江　道　雅
発行所	株式会社 明石書店

101-0021　東京都千代田区外神田 6-9-5
電　話　03-5818-1171
Ｆ Ａ Ｘ　03-5818-1174
振　替　00100-7-24505
http://www.akashi.co.jp/

企画・編集　師岡秀治
装丁・組版　A・T・R
印刷・製本　モリモト印刷株式会社

(定価はカバーに表示してあります)　　　　ISBN 978-4-7503-4764-6

JCOPY 〈(社)出版者著作権管理機構　委託出版物〉
本書の無断複写は著作権法上での例外を除き禁じられています。複写される場合は、その
つど事前に、(社)出版者著作権管理機構（電話 03-3513-6969、FAX 03-3513-6979、
e-mail: info@jcopy.or.jp）の許諾を得てください。